世界の性習俗

杉岡幸徳

角川新書

まえがき

自分の妻を旅人に貸し出す、耳たぶが大きいほど美人だとされる、不倫が合法でむしろ奨励される、神殿で神聖なはずの巫女《みこ》が売春する、女性が六百年以上も立ち入ったことのない国、服が存在せずいつも丸裸の民族、一人の女が多数の男と結婚する、死者や植物と結婚する、処女は忌避されて結婚できない、男でも女でもない第三の性が存在する――。

世界には、不可解な「性の風習」や「愛の形」が存在します。

この本は、それらの〈奇妙〉な性愛の風習を追い求め、それらがなぜ存在するのかを考えたものです。

誰も気づかないうちに、日本はすでに世界で有数の移民大国になっています。街角でムスリムのスカーフをかぶった女性を見かけ、英語ではない一言もわからない言語の不思議な響きを聞く――といったことが、もはや日常茶飯事になっています。

それは世界の人口が増えすぎたのだから当然の帰結なのですが、日本人にもそれなりの準備が必要でしょう。

インターネットの時代と呼ばれ、世界中の情報が即座に私たちの手元に届く――はずなのに、今の日本人は不思議なことに内に籠《こも》り、極めて偏狭になっていると私は感じています。

それはまずいし、とてももったいない。

世界中にはこれほど不可解で豊かな文化が満ち溢《あふ》れているのに、それらを黙殺し、偏狭な価値観の中に閉じこもるのは、極めて不健康で不幸なことだと思っています。

世界の奇習を見つめることにより、私たちは何者なのかが見えてきます。そして、そのことは、私たちの世界をより愉快で豊かなものにしてくれるかもしれません。

目次

第四章　世界の奇妙な「性」と「聖」 127

第一章　世界の奇妙な愛とセックス

妻を旅人に貸し出す人々

アマゾン川で日本の男はモテモテ？

アマゾン川流域に行くと、日本人の男は言い寄られて困ることがあると、南米に詳しい旅行者に聞いたことがあります。どういうわけか、現地では日本人は大変優秀な民族だと誤解されているらしく、それで現地の女性は日本人の子種を欲しがるというのです。似たような話は、アフリカでも転がっています。

このように、旅行者が現地の女性から性的歓待を受けるという事例は古今東西にあり、十三世紀のマルコ・ポーロによる『東方見聞録』にも描かれています。

見知らぬ人がこの地方の人に宿を借りると、主人は非常によろこび、妻をその人が自由にするようにあてがって、屋外に出てしまい、旅人が立ちさるまで、決して帰宅しない。旅人はすきなだけ滞在し、妻の接待をうけられる。主人はこれを恥とするどころか、名誉とさえ心得ている。（中略）婦人は美しいが、尻が軽い。（青木富太郎訳）

この地域は、現代の新疆《しんきょう》ウイグル自治区のハミだとされています。

「なんて野蛮な風習なんだ」と嘆く人もいるかもしれませんが、似たような話は日本にもあります。アメリカの社会人類学者ジョン・エンブリーが一九三五年に熊本県の須恵《すえ》村（現在のあさぎり町）に来たとき、地元の男に「お前が男であることを証明するために日本の女と寝ろ、俺たちはみんな妻以外の女と寝たことがある」と言われた、と記録に残っています。

日本には、いや世界にも、広くマレビト信仰というものがあり、外部から来た異人が集落に幸福をもたらしてくれる、という考えがありました。特に閉鎖的な村では、必然的に近親婚が多くなり血も濃くなっていくので、外部から新しい血を携えてやって来る男は歓迎されたのでしょう。

もっとも、中には頭の固い男もいて、差し出された女を拒否することもありますが、これは命がけの行動です。なぜなら、女を拒否するというのは大変な侮辱となり、最悪の場合、殺されてしまうこともあるからです。日本でも「俺の酒が飲めねえのか」と言って暴れる男がいますが、これと同じ発想と見ていいでしょう。

一方で、こんな事例もあります。

アフリカのベルベル人は、かつて男の客人が訪れると、テントの中に自分の妻と客人を二人きりにし、夫は外で銃を抱えて歩哨《ほしょう》に立っていました。これは別に、客人の安全を守るためではありません。客人が妻に何かしようとすると、すぐさま銃殺してしまうためです。自分で女を提供しておいて、実際に手を出すと射殺するとは無茶苦茶な話。この、本当に手を出すと大変な目に遭うという話は、どこか「京のぶぶ漬け」に似ています。こういう世界にも、やはり本音と建前の違いがあったのでしょう。

イヌイットの密かな遊び

別に旅行者相手ではなくても、夫婦を交換し合う例は世界中にあります。

なかでも、イヌイットの「灯りを消して」という遊びは有名です。まず、誰かの家に男女が集まり、全裸になります。そして灯りを消したうえで、それぞれが思うままに場所を変え、近くの男女と交わりあうのです。

北極圏では冬には一日中太陽を見ない日もありますので、この程度の遊びがないと、とても退屈で生きていけなかったのでしょう。また、彼らには所有権という概念が薄かったため、自分のパートナーに対する独占欲もそれほどなかったと考えられます。

他にもイヌイットの間では、二か月のうちに二週間は女房を取り換えるという習慣もありました。また、ヒマラヤの山岳民族やアフリカのコンゴ川上流のバンガラ族には、飽きたら妻を交換し、それで相性がよければ一生そのままという事例もあります。

さらには、こんな奇怪な話もあります。オーストラリアのクルナイ族では、オーロラが現れると、長老が村人に命令して、妻を交換させたというのです。

なぜこのようなことをするのでしょうか。それは、オーロラが、彼らにとって極めて不吉な前兆を意味するからです。危機的な状況から脱するために、妻を取り換えて、世界の状況を一変させ、災厄から逃れようとしているのです。

イヌイットにも、何か災厄の予兆が迫ると、村人同士で夫婦を交換するという例がありました。こうすると、個人の見分けがつかなくなり、悪霊は彼らを襲うことができなくなると考えられていたのです。

丸裸で生きる民族

「丸裸」だが「全裸」ではない

人間は、なぜ裸になることを恥ずかしがるのでしょうか。

「そんなことは決まっている、本能だろう。誰でも性器をむき出しにしたら恥ずかしいに決まってるじゃないか」

と言われるかもしれませんが、実はそうではありません。

たとえば一九七五年に、ブラジルのジャングルの中から、ゾエ族という民族が「発見」されました。彼らは、それまでわれわれの「文明社会」とは一切の接触がありませんでした。

多くの人が驚いたのが、彼らが丸裸で生活していたことです。彼らは、裸体であることに何一つ羞恥《しゅうち》心を覚えなかったのです。

ただし、一つだけ留意点があります。彼らは確かに「丸裸」でしたが、必ずしも「全裸」ではなかったのです。

というのも、ゾエ族の人々は下唇に穴をあけ、ブックルと呼ばれる木の棒を突き刺していました。このブックルが彼らの「衣装」だったのです。彼らは、性器を露出することには何の恥じらいも感じませんが、このブックルを外すことには、大変な羞恥心を覚えるのです。それは、私たちが公衆の面前で下着を脱ぐ恥ずかしさとまったく同じものです。

わざわざ裸で面会する女性首長

つまり、裸になることを恥ずかしがるというのは人間の本能ではなく、文化により後天的に捏造《ねつぞう》されたものなのです。

たとえば、アマゾン川流域に住むウィトト族の女性は、普段は丸裸で暮らしています。祭りの日だけ腰巻をつけるのですが、その腰巻には三角形の穴が開いていて、局部をわざわざ露出するようになっているのです。私たちの感覚からすると、まったく意味のない腰巻ですが、彼女たちからすると、女性器は隠すほどのものでもなく、むしろ大っぴらに見せつけるべきものなのです。

また、インドとミャンマーの国境地帯に住むナガ族の女性は、かつて胸は隠すが性器はむき出しのまま生活していました。彼らにとっては、子供のころからある性器よりも、歳とともに成長する胸のほうがはるかに卑猥《ひわい》であり、エロチックなものだったのです。

また、こんな奇妙な話もあります。一八五四年、著名な探検家のデイヴィッド・リヴィングストンがアフリカのロンダ族の村に入り、その村を支配する女性首長と面会しました。その時、女性首長は裸で現れたといいます。この女性首長は普段は服を着ているのですが、リヴィングストンに敬意と服従の意を表するために、わざわざ裸で現れたのです。武器を持たず、丸腰で客人に接するのが礼儀だと考えられていたのでしょう。ロシアの要人が、サウナで裸のまま他国の要人と話をしたがるのとよく似ています。

なぜ人間は服を着るのか

このように、かつて世界には裸族たちが闊歩《かっぽ》していたのですが、キリスト教とイスラム教の浸透により絶滅しつつあります。聖書の『創世記』にあるエデンの園で、全裸で暮らしていたアダムとイブが、知恵の樹の果実を食べたために羞恥心に目覚め裸を隠すようになり、楽園を追放された話はよく知られています。

なかでも、世界で最も裸を忌み嫌う宗教の一つが、イスラム教でしょう。コーランでは「女性はよその男に体を見せてはいけない」と教えています。厳しいムスリムの地域では、女性は全身をブルカで覆い、顔にかけられた網越しに世界を見ていることは、よく知られた話です。アラブの女性はベッドの中でも決して裸にならないので、夫は一生、妻の全裸を見ずに過ごすと言われています。

最近は日本でもスカーフをかぶったイスラム女性をよく見かけますが、彼女たちを見て「あんなに暑苦しい布をかぶせられてかわいそう、抑圧されているなあ」などと憐《あわ》れむのは、正しくありません。当のイスラム女性たちは、スカーフをかぶるのが当たり前であり、抑圧されていると思っていない場合が多いからです。

だいたいそれを言うなら、日本人はなぜ気温が四十度近い夏でも、服を着て歩いているのでしょうか。全裸で歩いたほうが絶対に快適なのに、ほとんどすべての日本人は服を着こみ、汗だくになって歩いています。中には、スーツとネクタイまで身に着けて悶《もだ》え苦しんでいる男もいます。

服装やファッションは、必ずしも合理的なものではありません。むしろ、非合理的なものの方がお洒落《しゃれ》であり、礼儀にかなっていると思われることが多い。だから人間は、氷点下の冬でも生足でミニスカートをはいたり、隙間風の入る破れジーンズを身に着けたり、寒いのにわざわざコートのボタンを開けてみせたり、結婚式ではスカートが長すぎるのでつまんで歩いたりします。

近頃は、パンプスをはくのが苦痛だと言って、靴くらい自由に選ばせてくれという運動もありますが、だからといって、足を締めつけるパンプスがこの世からなくなるなどということは、とうていありえないでしょう。逆に、パンプスが苦痛だからこそ、お洒落だと思われて人気を集める可能性もあります。だいたい、パンプスを拒否している女性でも、暑いからといって真夏に全裸で街を歩いている人は、まずいないはずです。

処女を破るプロがいた

処女だと結婚できない文化・処女でないと結婚できない文化

かつて日本のあるアニメで、女性のキャラクターが処女ではなかったことが判明して、大騒ぎになったことがあります。たとえ架空の物語とは言っても、その中の女性が処女ではないということは、大問題になりうるのです。

確かに、世界には処女ではないと結婚できない民族も存在します。たとえばコーカサス地方を歩くと、ベランダに白いシーツが掛けられていることがあり、シーツの真ん中は赤く血で染まっています。これは、前日に結婚したカップルの家で、初夜に花嫁が出血したことを誇示するためなのです。時には、このシーツを持って親戚《しんせき》や近所の人に見せ歩くこともあります。この時、シーツが赤く染まっていないと、花嫁も花婿も大変に恥ずかしい思いをするのです。だから、花嫁もあらかじめ策を講じ、鶏の血をベッドに持ち込んで、赤く染めてごまかすといったことも当然あります。

しかし、まったく逆に、「処女だと結婚できない」民族もまた多いのです。処女であることが忌避されてしまうのです。

たとえば、ロシアのカムチャツカ半島の先住民は、花嫁がかりに処女だと、花嫁の母親は婿に責められてしまいます。だから、母親は事前に人為的に娘の処女を破ったと言います。

また、フィリピンのボントック・イゴロット族の場合は、女は子供を産まないと結婚できません。つまり、事前に出産能力があることを証明しなければならないのです。日本ではできちゃった婚が賛否を集めたりしますが、この民族ではすべてができちゃった婚なのです。確かに、結婚した後に不妊だと騒ぐよりも、あらかじめ子供を産んでおくと出産能力の証明になるので、その点では非常に合理的だと言えるでしょう。

初物への恐怖

その一方で、「処女を破る職人」というべき人々も存在します。

かつてインドの南部の王様は、妻をめとるとき、あらかじめバラモン（ヒンドゥー教の司祭階級）に新妻を破瓜《はか》してもらいました。この時、王はバラモンに大金を支払ったといいます。つまり、バラモンは処女を破るプロだったのです。

他にも、カンボジアでは、一年に一回、生娘の処女を破る儀式があり、それを僧侶《そうりょ》が受け持ちました。この時、もちろん僧侶に報酬を払います。貧乏人だと報酬を支払うことが難しかったので、娘は長い間結婚できなかったといいます。つまり、非処女でないと結婚できないのです。同様に、フィリピンでも娘の処女を奪うプロがいたとされています。

また、十三世紀のフランスには、農奴が結婚した時には新妻を領主と同衾《どうきん》させねばならず、これに違反した者は財産を没収するという慣習法がありました。これをフランス語では「太腿《ふともも》に関する権利」と露骨に表現しています。この慣習がもとで、しばしば農奴が反乱を起こしています。

こういう、私たちから見たら奇怪で不届き千万な慣習があったのはなぜでしょうか。単に支配者が被支配者をおもちゃにし、狼藉《ろうぜき》を働いていただけでしょうか。

そうではないのです。処女破りのプロたちが、ニタニタ笑いながら処女のベッドに滑り込んでいたと考えるのは間違いです。

一つの理由は、処女は危険で汚らわしいと考えられていたからです。破瓜するときには流血するので、血に対するタブーが強い文化においては、処女とのセックスは避けられてしまうのです。私も、あるプレイボーイが「いろんな女と寝たけど、処女だけは勘弁してもらってる」と言うのを聞いたことがあります。思えば、彼はかなり潔癖な性格でした。

もう一つ、「初物」に対する畏怖《いふ》や恐怖があるのです。

私たちは、初めてのものはどんなものかよくわからないので、しばしば警戒し、特別視します。日本の新嘗祭《にいなめさい》では、その年に最初にできた新穀を聖別して神に奉納します。アフリカ南部のズールー族においては、王や祭司が最初に初物を口に入れました。旧約聖書によると、アブラハムは最初にできた子供イサクを生贄《いけにえ》として神に捧《ささ》げねばなりませんでした。建物の落成式、子供のお食い初めの儀式、女の子に初潮が来たら赤飯を炊くなど、人間はしばしば初めてのものを警戒するからこそ、こういう儀式を取り行い、新しいものの脅威から逃れようとするのです。

初夜にセックスしてはならない

初物に対する警戒心が強まるあまり、「結婚初夜にセックスをしてはならない」という風習まで生まれました。時には、結婚してから一年間も性交が禁じられました。これは日本の話です。

そして、新婚カップルがうっかりセックスしてしまわないよう、いろいろな妨害が入ります。たとえば、花嫁が隔離されて仲人《なこうど》夫婦に挟まれて寝たり、まわりの人間に監視されて眠りについたり、両親や親戚と寝たり、夜通し宴会を繰り広げ夫婦がセックスするのを邪魔したりします。

一方で、初夜に関しては、まったく逆の奇習もあります。

古代のナサモニア人（現在のリビア北東部の住人）の風習では、結婚初夜には、花嫁は結婚式に来てくれたすべての男の客とベッドを共にし、その後に贈り物を受け取ったといいます。また、太平洋のマルケサス諸島でも、結婚式のときに、花嫁は来てくれたすべての男性客とセックスをしました。そしてその男の数が多ければ多いほど、花嫁にとって名誉なこととされたと言います。

初夜においてセックスが禁じられたり、逆に乱交が奨励されたりと、支離滅裂なのですが、どちらの場合からも初めての夜を特別視して大切にする精神は見て取れます。

夜這いのある島

神秘の道具「ラブ・スティック」

ミクロネシアの島を訪れると、よく不思議なお土産物を目にします。一メートルほどの木の棒で、上の方に細密な彫刻を施しています。
これは現地では「ラブ・スティック」と呼ばれているものです。日本語では「夜這《よば》い棒」とも言います。そう、これは現地の人が「夜這い」するときに使う道具なのです。ミクロネシアには夜這いの風俗が色濃くあり、現在でも現地に女性が訪れると、次から次へとホテルに男が誘惑に来る、という話を聞きます。

夜這いの時に使う「ラブ・スティック」

夜這い棒の使い方は、次のようなものです。
まず、昼間に男は狙っている女性に、自分の夜這い棒を差し出し、触らせて特徴を覚えてもらいます。
決戦は夜です。みなが寝静まったころ、男は女の家に忍び寄ります。夜這い棒をやおら取り出し、ヤシの葉で編まれた壁の隙間に突き刺し、寝ている女の髪に絡ませ、目を覚まさせます。女は闇の中で夜這い棒をまさぐり、誰の物かを確認します。それが好きな男の物なら、女は棒を強く引きます。これは、「家の中に入ってきていいよ」という合図です。女が外で密会したいのなら、棒を摑《つか》んで揺すります。外に出るときに家の者に見つかることもありますが、この時は「トイレに行くの」などと言ってごまかすのです。好きな男の夜這い棒でなければ、女は棒を押し返します。これは「嫌だから帰って」というサインです。棒を触っても誰のものか確信できないときは、小さな声で「誰なの？」と聞きます。帰ってきた答えの声色で、女は男を受け入れるかどうか決めます。

なんと優雅で遊び心に満ちた風習でしょうか。「夜這い」というと人聞きがよくないですが、これは別に不法侵入やレイプではありません。男を受け入れるかどうかの決定権はあくまで女にあり、女に拒否されたら、男は大人しく引き返さなければならないのです。

もっとも、ミクロネシアの家がヤシの葉で造られていたのは昔の話です。今では壁がコンクリートや木の板になったので、夜這い棒を差し込む隙間などはないわけです。

では、どうするのか。その後に出てきたのが「注射器」です。

注射器に水を入れ、窓越しに狙う女の顔をめがけて発射するわけです。子供の遊びみたいでなかなか微笑ましいのですが、注意しないと恐るべき失敗を犯します。水が周りで寝ている別人にかかってしまうのです。時には、その家のお婆さんにかかってしまい、大変な騒ぎになることもあるので、十分な警戒が必要です。

夜這いの風習は、もちろんミクロネシアだけにあるのではありません。中国のモソ族、ブータンなどにも残っています。

ブータンの夜這いもなかなか風流です。男は女の家に忍び込み、闇の中で「ナス」を差し出します。女がナスを握り返してくれたら、交渉成立というわけです。ナスではなくドマをあげることもあります（ドマとはビンロウジュの実で、噛《か》むと興奮と覚醒《かくせい》作用をもたらす一種のドラッグ）。

しかし、ブータンの男にも、悲しみがあります。彼らは結婚したら、同じ村の女のもとに忍び寄るのはタブーで、違う村の女のもとに行かねばなりません。要するに、結婚しても夜這いは続いているわけです。

誰でもセックスできる「村妻」

これは売春なのか?

コンゴのレレ族には、一九五〇年頃まで、村に「村妻」(ホホムベ)という女性がいました。これは、村の男なら誰でもセックスできる女性です。レレ族の村の女性のうち、十人に一人が村妻だったと言います。村妻は、敵対する村から誘拐されたり、誘惑されて連れて来られた女性たちでした。

こう言うと、とんでもなく野蛮なシステムのように見えますが、夫の暴力に耐えきれずに逃げ出し、村妻になるケースもありました。こうすると、夫はもはやこの女性に近づくことは許されません。つまりこれには、女性の駆け込み寺的な意味もあったわけです。

のちに村に入り込んできたキリスト教の宣教師は、「これは売春と同じではないか」と言い出して、村妻の制度を禁止してしまいましたが、村妻は必ずしも虐げられていたわけではありません。

むしろその反対で、村妻は非常に特権的な地位にありました。村妻になってからのハネムーン期（六か月）は、彼女はすべての労働を免除され、より抜きのご馳走《ちそう》で歓待されました。彼女の仕事はただ一つ、村の男たちと寝床を共にすることだけです。

ハネムーン期が終わると、村妻は一定数の男に割り当てられます。彼らだけに村妻の小屋で寝る権利があります。男の数は、初めは五人ほどですが、村妻が気に入らない男を追い出したり、男同士の嫉妬《しっと》やもめ事があったりして、だんだんと減っていきます。そして、村妻が中年になると、男の数はたいてい一人になってしまいます。こうなると一夫一婦制と変わりません。

もし、村妻が子供を産んだら、村のすべての男が父親となります。そして、その子供もまた特権的であり、尊重されるのです。子供が男の子なら、結婚するときの婚資は村の男たちが差し出します。その子が投獄されたらみんなで保釈金を工面し、彼が亡くなった時は、葬儀は首長並みに盛大に行われ、村全体が喪に服するのです。子供が女の子なら、彼女と結婚できるのは選ばれた有力者だけです。彼女と結婚したい男は、数百枚ものラフィア（椰子《やし》）の布を織って村人に贈らねばならず、村人たちのあらゆる使い走りをせねばなりません。その試練に耐えた男だけが、村妻の娘と結婚することを許されます。結婚のときには、彼は首長と同じワシの羽が翻るヒョウ皮の帽子を戴《いただ》き、勝者のパレードを行います。彼は首長にも匹敵する名誉を獲得するのです。

村妻はもともと敵対する村から連れて来られた女であり、その女や子供と結婚することにより、村と村の融和が図られるのです。村妻制度には社会を平和に保つ、政略結婚的な意味があったのでしょう。

セックスが儀式になるとき

セックスは生殖のためか？

人間はなぜセックスをするのか。

などといきなり問いかけると身構えてしまうかもしれませんが、単に「子供を作るため」だけではないことは確かです。

たとえば、不妊治療をきっかけに夫婦の仲が悪くなり、離婚してしまうという現象がしばしば起こります。タイミング療法とやらで、妻が自分の妊娠しやすい時間を計算して、「何日の何時にやったら絶対に妊娠するからお願いね！」と夫に縋《すが》りつくが、夫はなかなかいい顔をしません。嫌がったり、うまくできなかったり、その時間に飲みに行って帰ってこなくなってしまいます。しまいには、その時間にほかの女とセックスをしに行って、その女を妊娠させてしまったりすることもあります。妻はまったく妊娠できず、こういうことをきっかけに夫婦の仲が引き裂かれ、離婚に至ってしまう――。

男としても、単に子供を作るだけのセックスは味気なく、自分がただの種馬にされているような気分になり、嫌なものです。

死体とセックスする儀式

生殖が目的ではない、いわば儀式的なセックスは各地にあります。ケニアのルオ族の場合を見てみましょう。

ルオ族の社会には、快楽のためのセックスとは別に、義務的なセックスがあります。この社会は一夫多妻制なのですが、男は儀礼的セックスを第一夫人から順番にやっていかねばなりません。間違って第二夫人からやってしまったら、不幸なことが訪れると考えられています。

ルオ族の儀礼的セックスとは、次のようなものです。

① 息子が結婚するとき、息子の夫婦より先に、彼の両親が先にセックスをしなければ

ばならない。

②　家を建てたときは、夫婦は必ずセックスをしなければならない。これを怠ると、男が家の主であることが認められない。

③　トウモロコシの種をまいたり、収穫するときもセックスせねばならない。

こうしてみると、なかなか堅苦しいものです。これに起因する問題も多々起こります。たとえば女が寡婦だったらどうするのでしょうか。この時は、寡婦に代理の夫を見つけてもらって、それでセックスをするわけです。

しかし、さらに問題は起こりえます。寡婦が代理の夫を見つける前に死んでしまったら、どうするのでしょうか。極めてまれですが、現実には起こりえます。

その時は、代理の男を見つけてきて、寡婦の遺体とセックスをするわけです。独り者の男を探し出し、彼に多額の報酬を与え、遺骸《いがい》とセックスをしてもらいます。驚くべきことに、死体とセックスをする専門家もいます。現地の人は、少し変わり者に頼むと言います。男には大量のビールを飲ませ、何が何だかわからないようにしてことを済ませてもらうこともあります。もっとも、実際にはセックスはできず、やる振りをするだけのこともあるようです。それほど儀礼の形式が大切なのでしょう。

双子を産んだ女の奇妙な儀礼

性が儀礼的になる現象は世界中に広がっています。例を挙げてみましょう。

●ジャワ島

・稲が開花すると、農民は夜に水田で性交をしなければならない

●中央アメリカのビビル族

・農作物の種をまく前の夜には、夫婦でセックスをしなければならない

●ウガンダのバガンダ族

・双子を産んだ女は、バナナに生殖力を乗り移らせるため、バナナの花を股《また》にはさんで寝る

こう見ると、前述のルオ族もそうですが、農耕とセックスの儀式が結びついていることが多いようです。これは、人類はしばしば、植物の繁殖と人間の生殖を同一視していたからと言われています（この主張には反論もありますので、それは後で述べます）。だから日本でも、五穀豊穣《ほうじょう》を願う祭りのときに、しばしば男性器や女性器のオブジェが現れるのです。奈良の飛鳥坐《あすかにいます》神社のおんだ祭では、天狗《てんぐ》とお多福が豊作を願ってベッドシーンを演じます。古代ギリシャでもローマでも、精子と種子は同じ単語で表します（スペルマとセーメン）。日本でも「種」には植物の種と子供の種の二種類の意味があるのと同じです。

冗談のような「冗談関係」

なぜ女子高生は父親を嫌うのか

思春期の娘がいる父親なら、「娘が俺を嫌って困る」と嘆く人は多いでしょう。目が合うのを避ける、できる限り関わろうとしない、一緒に食卓を囲むのを嫌がる、父親が下着姿で家の中を歩こうものなら、嫌悪の情をむき出しにして「いやー、お父さん、変な格好で歩かないで！」と母親に泣きつく、などなど、家の中が修羅場になっている人もいるでしょう。また、他にも妻が義父と関わろうとしない、同席を嫌がる、できる限り会おうとしない……などと悩んでいる人もいるでしょう。

一族の者が、お互いに接触することを避ける、という事例は世界中にあります。これを「忌避関係」（Avoidance Relationship）と言います。

たとえば、ミクロネシアでは異性のキョウダイ間では、次のような振る舞いをしなければなりません。

「女は兄弟の前では膝《ひざ》を見せてはならない」
「性にまつわる話をしてはいけない」
「同じ食器を使ってはならない」
「外で出くわしたら、姉妹は身を隠すか逃げ出す」
「兄弟の吸った煙草を吸ってはならない」
「男の見えるところに女の腰巻を掛けてはならない」
「姉妹は男の褌《ふんどし》に触れてはならない」

さらには、異性のキョウダイの性的な話でもしようものなら、果たし合いや殺し合いにまで発展します。

このような例は星の数ほどあります。列挙してみましょう。

●インドのナヤール族
・家族間では同じ食卓につくことは許されず、時間をずらす
・血縁関係のある異性と一緒にいてはならない、恋の歌を歌ってはならない
●中国のモソ族
・（かつては混浴だったが）異性の親族と一緒に入浴してはならない
●ケニアのグシイ族
・男は義母と握手してはならない
・義父母の家に入るときは「男専用の入口」から入らねばならない
・男と義母は面前でトウモロコシやソルガムの煎《い》ったものを食べてはならない
・寝室を覗《のぞ》いてはならない
・用便の行き帰りを見られてはならない

こういうふうに列挙してみると、ほとんどコミカルに思えるほど些細《ささい》なことばかりですが、なぜこのようなことがタブーとされているのでしょうか。

それは、インセスト（近親相姦《そうかん》）のタブーが関わっているからでしょう。血のつながった男女がどうにかなってしまわないように、あらかじめ些細なタブーを講じて、接触を避けようとしているのです。アフリカのアザンデ族には「女への欲求は姉妹から始まる」という諺《ことわざ》もあります。放っておくと何が起こるのかわからないので、タブーを設けて性的接触を禁じようとしているのです。日本の女子高生が父親を嫌うのも、無意識のうちにインセストを避けようとしているからに違いありません。

孫娘と祖父はベッドを共にしてもよい

「やっかいだなあ。こんな細々としたタブーを設けられると息が詰まるよ」と思う人も多いでしょう。

しかし、この「忌避関係」とはまったく逆の関係もあるのです。「性的な関わり合いを持ってはならない」のではなく、むしろ「性的な関わり合いを持たねばならない」という関係です。これは文化人類学の世界では「冗談関係」（Joking Relationship）と、まるで冗談のような用語で言われています。

例を挙げていきましょう。

●ケニアのグシイ族

・祖父と孫娘、祖母と孫息子が「私の夫」「私の妻」と呼び合う

・彼らは互いに自由に家に出入りし、ベッドを共にしてもよい

・「割礼もしていない青二才」と最大級の罵倒《ばとう》語を投げつけてもよい（この部族は男女ともに割礼する）

●ボツワナのクン族

・祖父母と孫が卑猥な冗談を言ってもよい

●ミクロネシアのポンペイ島

・孫が祖父母に母とのインセストを意味する罵倒語を吐いてもよい

●ポリネシアのトンガ

・甥《おい》や姪《めい》は母方のオジに何をしても許される

●タンザニアのルグル族

・交叉《こうさ》いとこ間では互いの性的能力を罵《ののし》ってもかまわない

冗談関係は性的な問題に限りません。相手の持ち物を盗んだり、頭を叩《たた》いたり、生贄《いけにえ》の動物の肉を無断で持ち去ったり、好きなだけ罵倒できたり、取っ組み合いをしたり、勝手に家の中に入り込んだり、牛の糞を踏ませたり、と色々なことをやってもかまわないのです。

私もこんな経験をしたことがあります。

私がヨーロッパを旅行中に、一人のアジア系の旅行者と親しくなり、一緒にホテルの部屋をシェアすることにしました。彼はとても真面目で誠実そうな顔をしていました。

しかしその男は、私のザックを勝手に開けたり、私が買ったお菓子を食べつくしたり、私の服を勝手に着て出て行ったりと、傍若無人な振る舞いをしだしました。

私は怒って「おい、人の物を触らないでくれ。なんでそんな無礼なことをするんだ！」と怒鳴りつけたら、男は不思議そうな顔をしてこう言いました。

「なぜ怒るんだ？　僕は君を友達だと思っているからこそ、こうしてるんだよ」

そう、この男は別に泥棒でも犯罪者でもなく、一種の愛情表現として、私の物に手を付けただけなのです。実際、私の所持金やパスポートが盗まれるなどといったことは起こりませんでした。最低限の節度は守っているわけです。

冗談関係は、一種の親しみの表現です。日本でも、親友同士がお互いに馬鹿にしあったり、ぞんざいな言葉遣いをしたり、時には殴り合いをするふりをするということがありますが、これも一種の冗談関係と見ていいでしょう。

世界的には、実のキョウダイは忌避関係にあり、義理のキョウダイは冗談関係にある場合が多いようです。これは、実のキョウダイに性的問題を持ち込んだらインセストになりかねないのでこれを避け、義理のキョウダイの場合は結婚可能な場合が多いので、結びつきやすいように性的な冗談をやりあう冗談関係を築いている、と考えられます。

第二章　世界の奇妙な結婚

男が女を略奪する誘拐婚

「誘拐婚はキルギス人の伝統なのよ。受け入れなさい！」

シルクロードのほとりに佇《たたず》む、中央アジアの小国キルギス。

この国は、今も女性を誘拐して結婚させる「誘拐婚」（キルギス語でアラ・カチュー）が行われていることで知られています。キルギス女性の実に三十パーセントが誘拐婚をされていると言われており、さらにその三分の二が、まったく見知らぬ男による誘拐です。

誘拐婚の手順はこのようなものです。

男が道端で好みの女を見つけると、車に無理やり乗せて連れ去ります。泣き叫ぶ女を自分の家に引きずり込む一方で、それを見た家族たちは、楽し気に結婚式の準備を始めます。もちろん、家の中にも女性はいますが、彼女たちも誘拐婚の犠牲者であることが

誘拐婚の様子。男四人が馬で女を襲っている（1871 年頃）

多いのです。

女たちは説得を始めます。

「私も誘拐されて結婚したんだけど、嫌だったのは初めだけ。今はとっても幸せよ」

「誘拐婚はキルギス人の伝統なのよ。受け入れなさい！」

家の者が総出で夜通し説得（あるいは脅迫）を続けると、最後には誘拐された女もあきらめてしまいます。さらわれた女性たちの、実に八割が誘拐結婚を受け入れてしまうのです。

なぜ彼女たちはあきらめてしまうのでしょうか。

それはまず、誘拐された女性は、男の家

に連れ込まれた時点で、純潔を失ったと考えられているからです。このまま実家に帰っても、周囲から白い目で見られ、まともな結婚もできません。女性の両親もそのことをよくわかっているから、かりに女性が誘拐犯から逃げ出してきたとしても、ふたたび家に入れることを拒否することもあるのです。

もう一つ考えられるのは「ストックホルム症候群」でしょう。ストックホルム症候群という言葉は、一九七三年にスウェーデンのストックホルムで銀行強盗が起き、犯人が四人の人質を取って立てこもった時、長い監禁生活の中で、人質が犯人に共感したり、恋愛感情を抱いたり、犯人とともに警察に向かって銃を向けたりした事件から生まれました。

被害者が加害者に愛情を抱くとは、奇怪な心理状態のように見えますが、このような極限状態においては、被害者が加害者に同調したほうが安全であり、精神的にも楽になりうるのです。誘拐婚の被害者が、監禁の末に結婚を受け入れてしまうのは、このような心理状態が働いているからとも考えられます。

また、家に閉じ込められて「結婚しろ」だの「これがキルギスの伝統だ」と一晩中言われ続けたら、相手の言葉を信じてしまうこともよくあることです。かりに無実の者が警察に捕まったとしても、取調室に閉じ込められ、延々と「お前がやったんだろう」と責め立てられれば、そのうち「本当に自分がやったんじゃないか」と思い始めることがあります。カルト宗教による洗脳の手口が、まさにこれです。密室の中で、睡眠を許されず、同じことを言われ続けたら、人間は容易に信じ込んでしまうものです。

キルギスでも一応、誘拐婚は法律的には犯罪とされています。しかし、二〇一三年まではでは最長でもわずか懲役三年の刑罰でした。これは、「羊」を盗んだ場合と同じだったのです。

お姫様抱っこの起源は誘拐婚?

キルギスで誘拐婚が行われる理由には、次のようなものがあります。

一つは、嫁をめとるときの結納金を払えないので、女を仕方なしに略奪してくるというもの。これは、何となく容易に思いつくでしょう。

一方でもう一つ、「合意の上での誘拐」もあります。相思相愛の男女が結婚を望んでいるが、互いの親が認めてくれないので、「男に誘拐されたから結婚した」という形を取ったものです。

キルギスで女性を誘拐する男たちは、必ずしも暴力的で犯罪的な人間ではありません。彼らの多くは、礼儀正しく、常識的で、極めて思いやりに満ちた人々です。どんなに残酷で悪辣《あくらつ》な風習がはびこっていても、それを順守している人々は、間違いなく普通でありきたりな人々なのです。

キルギス人の多くは、このような誘拐婚をキルギスの伝統だと信じています。しかし、まったく逆に「誘拐婚はキルギスの伝統ではない」という論者も多くいるのです。その根拠の一つは、民族的叙事詩である「マナス」の中に、誘拐婚が描かれていないということです。彼らは、現代の暴力的なアラ・カチューが増えたのは二十世紀に入ってからで、それまではキルギスでは見合い結婚が主流だったと主張しています。

では、アラ・カチューは暴力的で時代遅れのどうしようもない蛮習だとして、あっさり捨て去るべきなのでしょうか。

実は、必ずしもそうとも言えないのです。前述のように、親に反対された結婚を、誘拐されたという形を取って認めさせる場合もあるからです。

もちろん、誘拐婚の末に幸せに暮らしているカップルも存在します。しかし、誘拐婚をされた結果レイプされたり、殺されたり、自殺してしまった女性たちもいるので、看過できない問題ではあるでしょう。

もっとも、誘拐婚が行われているのは何もキルギスだけではありません。

現代でも、エチオピア、ネパール、ジョージアなどで行われています。エチオピアでは、略奪婚の占める割合が実に六十九パーセントだと言われています。

誘拐婚は、かつてはヨーロッパなどでも行われていました。女性たちが憧《あこが》れる、結婚式での新郎によるお姫様抱っこ――あれも実は、誘拐婚の名残だと言われているのです。

世界に広がる一夫多妻制

一夫多妻制は日本の伝統

イスラム圏を歩いていると、男が数人の女を従えて歩いているのを時々見かけます。辺りには華やいだ空気が漂い、男も女もたいてい良い身なりをしています。男に聞いてみると、「みんなわしの女房さ」と答えます。要するに、彼は一夫多妻制を実行しているのです。

一夫多妻というと、野蛮で遅れた制度と見られがちですが、それは正しくありません。だいたい、日本も古《いにしえ》から一夫多妻の文化でした。三世紀に成立した『魏志倭人伝』には、「大人はみな四、五婦、下戸もあるいは二、三婦、婦人は淫せず、やきもちをやかず」(石原道博編訳)と倭国《わこく》のことが描かれています。

日本が一夫一婦制になったのは一八九八年ですから、まだ百年ちょっとしか経っていません。ちなみに、それまでは妾《めかけ》も二等親という身内のうちに数えられていました。一夫一婦制を強制しているのはキリスト教文化圏くらいで、世界的には極めて特殊なものと言えるでしょう。

もっとも、確かにモーゼの十戒には「他人の妻を恋慕するな」と書いてありますが、旧約聖書の中で一夫一婦制を守ったのはイサクとリベカくらい。ダヴィデ王には六人の妻がいましたし、ソロモン王には七百人の妻と三百の側室がいたとされています。

一夫一婦制の社会はわずか十八パーセント

もともと、一夫一婦制度（単婚）というものは、非常に稀《まれ》で不自然なものです。たとえば、霊長類で一夫一婦制なのは十パーセントほどしかいません。哺乳類《ほにゅう》全体ではわずか三パーセントです。

「人間と動物は違う、人間には美しい理性があるだろう」というお叱りがあるかもしれませんが、われら人類についてもさほど変わりはありません。

人類学者G・P・マードックが分析したところ、世界の二百三十八の人間の社会で、一夫一婦制しか認められていない社会は四十三、わずか十八パーセントしかありませんでした。つまり、八十二パーセントの社会が多婚制を認めているのです。一夫一婦制はあくまで少数派にほかならない。

また、百八十五の人間社会の中で、三十九パーセントの社会が婚外交渉を認め、積極的に奨励しています。さらに、単婚制を敷いている社会でも、その五十パーセントが特定の条件の下で（祭りの日など）婚外交渉を容認しています。つまり、一夫一婦制で、婚外の性行為を一切容認しないという社会は、世界的に極めて珍しいと言えるでしょう。

一夫多妻制は男のパラダイスか？

ただし、一夫多妻制でも妻の数に制限があることがあります。有名な話ですが、イスラム教徒の男の妻は四人までです。その一方、西アフリカのアシャンティ族の王になると、わずか三千三百三十三人の妻で我慢しなければなりません。

イスラム教が一夫多妻を認めるのは、もともとは戦争で夫を失った女性を救済するための、いわば人道的な制度でした。そもそもイスラム教の開祖のムハンマド自身が九から十一人の妻を持っていたと言われています。

一夫多妻制と聞くと、やに下がった嬉《うれ》しそうな顔をする男もいますが、この制度は決して男のパラダイスではありません。

イスラム教などがそうですが、複数の妻をめとるには、現在の妻の了承を得ねばなりません。また、夫はすべての妻を平等に愛する義務を負います。たとえば一人の妻にネックレスを買ってやれば、ほかの妻にも同じものを買ってやらねばなりません。このようなことは、もともと裕福な男でなければ不可能で、現実には一夫多妻が認められている文化でも実際に複数の妻を持っている男は少数派で、ほとんどの男は一人の妻しかめとることができません。

だいたい、一人の男が多くの女を独占してしまうと、ほかの男には女が行きわたらなくなります。たいていの男にとっては、無制限な一夫多妻制度は災いにほかなりません。

なお、先進国と言われているフランスにも、一夫多妻の家庭が三万世帯もあります。これらはほとんどすべて、マンデ諸族というアフリカの部族です。これは、フランスに移民が流れ込み、今までとは違う新しい社会が創造されていることの証《あかし》でもあります。

一夫多妻制と言えば、女性差別的だという人もいますが、それは必ずしも正しくありません。見方を変えれば「一人の男が複数の女に寄ってたかって飼いならされている」と言えなくもないからです。

そもそも、アフリカにキリスト教が持ち込まれ、一夫多妻制が廃止されそうになった時、もっとも反対したのは妻たちでした。一夫多妻制では第一夫人の力がとても強く、安定しているからです。また、妻から夫に「あなた、そろそろ新しい妻を迎え入れたら？」と持ちかけることもあります。妻が増えたほうが、自分たちの家事労働が軽くなるから、当然でしょう。

一見差別的に見える制度が、差別されているはずの人々から支持されているというのは、しばしば起こることです。それほど人間や社会の構造は単純ではないということでしょう。

一夫一婦制は存続するか

前述したように、一夫一婦制は哺乳類の社会でも人間の社会でも少数派です。しかも、日本を含む先進国では離婚率が上昇しています。これは、すでに一夫一婦制度が限界に達し、崩壊しつつあるということではないでしょうか。

日本は一八九八年まで一夫多妻制でしたから、一夫一婦制度はせいぜい百年ほどしか続かなかったわけです。もともと、「二」という数字は壊れやすいものです。二人だから対立するわけで、そこに誰かもう一人入れて三人にしたら、鼎《かなえ》のようになって安定するに決まっています。不倫することによって、精神的にも肉体的にも安定し、健康になったという報告もあります。

「結婚式の祝儀に二万円を贈ると縁起が悪い、二という数字は割れるから」という「マナー」を聞いたことがあるかもしれません。このマナーを信じる人は、二というものは不安定で軋轢《あつれき》を呼びやすいと、無意識のうちに感じ取っているわけです。もっともそれなら、割れやすい二人で結婚すること自体がおかしいのですが。

ここに、面白いデータがあります。

エコノミストの門倉貴史《かどくらたかし》氏の推計によると、日本で不倫によって動くお金（レストラン、娯楽施設など）は五兆五千三十四億円にも達します。日本のＧＤＰが五百兆円ほどなので、その一パーセントほどを不倫産業が稼ぎ出していることになります。
つまり、不倫を弾圧することによって日本のＧＤＰはそれだけ減少し、国が貧しくなっているわけです。現在の日本の不況は、不倫を抑圧しているためだと言ってもいいほどです。

いずれにせよ、不寛容な社会は人間を抑圧し不幸にします。もし日本人全体が極端な禁欲主義者になり、食事は一日二食、麦飯と菜っ葉の味噌汁《みそしる》と漬物だけになったら、どれほどの産業が崩壊し、失業者が街にあふれるかを考えてみるとわかるでしょう。

人間はふしだらになり、自分の快楽を追い求め続けたほうが、社会全体が豊かになり、すべてがうまくいくものなのです。

一人の女が多くの男を従える一妻多夫制

夫が多い女が尊敬される一妻多夫制

一人の妻が多くの夫を従える一妻多夫制は、一夫多妻制よりもはるかに少ないのですが、確かに存在します。ポリネシアのマルケサス島、ヒマラヤのチベット族、南インドのトダ族などです。

まず、マルケサス島の例を見てみましょう。

この島は、何らかの原因で男が女より圧倒的に多く、一時は男が女の二・五倍もいたとも言われています。食料に乏しい島なので、女児が生まれたら間引きしてしまったからだという説が有力です。必然的に男があぶれてしまうので、一妻多夫制が定着したわけです。

この島では、妻が多くの夫を所有しているほうが豊かで、偉いとされています。男の数、すなわち労働力だからです。その結果、マルケサス島の女はほとんど働かず、労働はすべて男が担うことが多いのです。

この島の女は、ひときわ美容に気を遣いますが、これは美人であればあるほど多くの夫を捕まえることができ、豊かになれるからです。「美すなわち富」というわけです。

だから、女たちはあまり子育てをしません。幼児に授乳すると乳房の形が崩れ、美を失うからです。代わりにパンの実を焼いてヤシの実の汁を混ぜ、お粥《かゆ》にして食べさせます。ちなみに、この島の女性の美人の条件は「外陰部が長いこと」とされており、子供のころから引き伸ばしています。

誰でも推測できることですが、この島では男よりも女の方が強い存在です。こんな話が伝わっています。白人の男がマルケサス島の美人に恋をして言い寄ったら、「島の男と同じ刺青をしたら愛してあげる」と言われました。喜んだ男は顔まで刺青で彩ったのですが、それを見た女は「やっぱりそんなの嫌だ。不気味だわ」と言い出して、袖《そで》にしてしまいました。恋に破れた男はヨーロッパに帰ることもできず、寂しく島で暮らしたといいます。

こういう次第ですから、島に女性恐怖の空気が漂っているのでしょうか、島に伝わる伝説・神話などでは、たいてい女が悪者や悪魔になっています。たとえばヴェヒニ・ハイという女の人喰《く》い鬼がいて、子供をさらって食べてしまったり、美女に化けて男を誘惑し、餌食《えじき》にすると信じられています。

チベット族の一妻多夫制は、ほとんどの夫が兄弟です。つまり、兄が結婚したら、自動的にすべての兄弟が夫になり、妻を共有するのです。逆に、弟が結婚しても、兄がその妻の夫になることはありません。

嫉妬は存在しない

女王蜂の周りに働き蜂が群がるような、一妻多夫制の世界。なぜこのような制度が存在するのでしょうか。いくつかの理由が考えられます。

①　先にも挙げたように、女児を間引きするため女の人口が少なくなってしまったから。マルケサス島やトダ族がそれです。

②　貧しさゆえに、男が妻をめとる際の婚資を用意できないから、共同で出資して妻をめとる。日本でも、男の収入が少ないから結婚できないと嘆く声もありますが、一妻多夫制を導入したら、一気に解決という訳です。かつては日本でもヨーロッパでも、結婚できるのは長男だけで、貧しい次男以下は一生独身で暮らすといっ

たことがありました。

③　財産を分割しないため。兄弟がそれぞれ結婚して独立すると、土地や財産が分裂してしまう恐れがあるので、妻を共有して団結しよう、というものです。

④　夫が遊牧や商売でしばしば家を空けるので、妻が一人で家にいると用心が悪いため。これはチベット族の例です。

しかし、一妻多夫制は日本にはない制度なので、「こんな制度がそもそも成立するのか」と訝《いぶか》しむ声もあるかもしれません。

まず、嫉妬《しっと》はないのでしょうか。夫同士で争いが起こったりしないのでしょうか。

これについては、「ほぼない」と言えるでしょう。

たとえばトダ族には「姦通《かんつう》」に当たる言葉がありません。こういう一妻多夫制の文化圏では、そもそも嫉妬という感情が薄く、嫉妬する人間こそ不躾《ぶしつけ》で反社会的と見なされます。ですから、妻にしても、夫が多い方が豊かになれるということで、「最近仕事が忙しくなってきたから、もう一人夫を迎え入れようかしら」と、経営者が従業員を雇う感覚で夫を迎えることもあります。

しかし、他にも疑問は残ります。たとえば、子供の父親には誰がなるのでしょうか。複数の夫がいたら、子供が生まれても誰が父親なのかわからず、混乱するのではないでしょうか。

トダ族の場合、セックスするときは、部屋の扉に靴をぶら下げておきます。これはベッドは使用中というサインであり、その間はほかの夫は中に入れないわけです。

一妻多夫の文化では、子供ができた場合は、おおむね次のようにして父親を決めるようです。

① 妻が父親を指名する
② 否応《いやおう》なしに長男の子になる
③ くじ引きで父親を決める
④ 共同で父親になる

このうち、④については、要するに父親が何人もいるということです。よく考えると、父親は一人でなければならないという決まりはどこにもありません。むしろ、父親が複数いたほうが、責任が分散されるので都合がいい、という考え方もできます。かりに父親の一人が悪人であっても、子供はほかの父親を頼ればいいわけで、その点で子供も救われる――というなかなか合理的なものです。

一見奇怪でふしだらに見える一妻多夫制も、それなりの合理性と利点がある、と言わざるをえません。

女と女の結婚

「女性夫」とは何か

アフリカには、女と女が結婚する風習があります。と言っても、別に彼女たちがレズビアンというわけではありません。

女性が結婚しても子供に恵まれないとき、彼女が「夫」となってほかの女性と結婚するのです。そして、新しい妻に男をあてがって（彼女の親戚《しんせき》の男が多い）、子供を産んでもらいます。その子供は、多くの場合、男性の夫の子供となります。なんともややこしい話ですが……。

「女性が夫になる」と言っても、別に文学的な比喩《ひゆ》ではなくて、本当に彼女は社会的に男性として扱われます。彼女は妻側に婚資としてのウシを支払い、男女の結婚とまったく同じようにして結婚式をあげます。生まれてきた子供は、彼女を「お父さん」と呼ぶほどです。女性と結婚する女性は、裕福な占い師や呪術師《じゅじゅつし》に多いとされています。

ある「女性夫」の例を挙げましょう。南スーダンのヌエル族のある女性夫は美しく派手な身なりをしていましたが、男のように家屋を管理し、自分の「妻」が仕事を怠けたり反抗したりすると、鞭《むち》で打って服従させました。自分が女として扱われることを許さず、食事も男と同じように給仕させました。彼女は優秀な頭脳と知識を持っていて、家の中のいっさいを支配し、成人した息子の言葉にも耳を貸さなかったと言います。

一見、大変野蛮に見える女性婚ですが、似たようなものが現代の先進国でも行われています。いわゆる「代理母出産」です。これは、女性が不妊のときに、代わりの女性に出産してもらうという制度です。受精卵の移植なしで、より肉体的に行うのが女性婚と言っていいでしょう。

女性婚で哀れなのが、種付けのためだけに雇われた「生物学上の父」です。彼は女性夫の妻の家に赴き、セックスだけして帰っていきます。別にその家の仕事を手伝う必要はありません。子供が生まれても、養育の義務から逃れられる代わりに、子供に対していっさい口をはさむことができません。子供は生物学上の父の名前すら知りません。現地には「ヤギの腹が大きくなっても、どのオスが孕《はら》ませたかと聞く者はいない」という諺《ことわざ》があるほどです。

またアフリカ南東部では、王の娘などの位の高い女性は男と結婚することは許されず、女と結婚する例がよくありました。スーダンのシルク族の王女などは、男の愛人を作って妊娠したりすると、処刑されてしまうこともありました。これは、政治的なリーダーは男でなければならないという考え方があったからです。生物学的には女でも、リーダーになるためには、社会的に男でなければならないのです。

物質との結婚

何とでも結婚できる

結婚する相手は、必ずしも人間だけとは限りません。「私は仕事と結婚したのよ」と気だるげに髪をかき上げながら言う女性がいるように、その気になれば、何とだって結婚できるのです。

たとえば、神秘の渦巻く大地インドでは、「木」と結婚する人々がいます。これは必ずしも、その人が木を熱愛するあまり……ではありません。そこには、シビアな家庭の問題が関わっています。

インドのある地域では、兄弟間のヒエラルキーが厳しく、結婚するときは、必ず長兄からしなければなりません。しかし、ここで問題が出てきます。かりに、長兄がなかなか結婚しなければどうなるのか。その下の兄弟たちは、永遠に結婚できないという事態になりかねません。

こういう場合に、長兄を形式的に「木」と結婚させるのです。とにかく結婚してしまったのだから、後は年下の兄弟も自由に結婚できるというわけです。

インドではこのような例がほかにもあります。たとえば占星術で占った結果、花嫁が花婿に不幸をもたらすということがわかってしまった。その時、花嫁を木と結婚させ、災厄を振り落とすのです。また、新郎新婦を木にくくりつけ、木の持つエネルギーを乗り移らせるという儀式も行われています。

他にも、インドのムンダ族の結婚式では、新郎をマンゴーと、新婦をマファと抱き合わせ、結婚させます。これは見方を変えれば、人間と植物の多夫多妻制ともいえるでしょう。これは、ムンダ族にとっては、マンゴーやマファが「トーテム」（その部族に深い関係のある事物）だからです。トーテムと結婚することにより、自らの部族との結びつきを再確認しているわけです。

さて、ここまでは制度や慣習の話をしてきましたが、一方で、この世には「対物性愛者」という、本当に物質に対して性愛の感情を抱く人々も存在します。その対象は、椅子、車、マックのコンピュータ、ビール瓶、鉄道の駅など、なんでもかまいません。

有名な例が、ベルリンの壁に恋し、結婚してベルリナー・マウアー（ベルリンの壁）という姓まで名乗ったスウェーデンの女性でしょう。もっとも、彼女はベルリンの壁の崩壊とともに一人身になってしまいましたが。

エッフェル塔と結婚し、セックスまでしたアメリカの女性もいます。彼女はレズビアンとしての側面もありました――なぜなら、彼女によるとエッフェル塔は女性だからです。もっとも、必ずしも男嫌いではないようです。その前は、サンフランシスコのゴールデンゲイト・ブリッジという「男性」と関係を持っていたからです。

これらは、一種の呪物崇拝《フェティシズム》でしょう。オオカミの牙《きば》や干からびたナメクジを祭壇に上げて拝んだり、有名人の落書きを何億円もかけて落札したり、フェラーリのボディが官能的だと言って恍惚《こうこつ》としながら撫《な》でまわすのも、本質的にはこれです。そういう意味で、古今東西に普遍的に存在する現象なのでしょう。いわゆる先進国でもこういう例はあるので、物質との結婚は必ずしも遅れた野蛮な風習ではありません。

幽霊との結婚

「花嫁は結婚式で寡婦になった」

二〇〇九年、フランス東部の町ドマリー＝バロンクールで、一人の若い女性が結婚式をあげました。

この結婚式が特異だったのは、花嫁の横に花婿の姿はなく、一枚の写真が飾られていただけだった、ということです。花婿は、一年前に交通事故で亡くなっていたのです。つまり、この二十六歳の花嫁マガリ・ヤスキエヴィッチは、幽霊と結婚したのです。

ウェディングドレスに身を包んだマガリは「実はあまりお祝いの気分ではありません」と呟《つぶや》きました。この結婚式に参加した市長はこんな言葉を残しています――「花嫁は結婚式で寡婦になった」。

奇怪な結婚式に見えますが、実はフランスでは死者との結婚は合法で、民法で認められているのです。ただし、亡くなったパートナーが生前に結婚の意志があったことを示す証拠が必要ですが。

また、二〇一六年の五月には同じフランスで、テロで死亡した警察官の男性がパートナーの男性と死後結婚しています。フランスでは、一年に何十人もの人が亡霊と結婚しているると言われているのです。

高騰する女の遺体

このような亡霊婚はアフリカのタンザニア、南スーダン、南アフリカなどにも存在します。

タンザニアのイラク族では亡霊婚のことを「暗闇の結婚」といい、結婚式でも明かりを灯《とも》しません。いわば内輪の隠されたものになっているのです。これは、男が未婚のまま死んだときに、両親が死者のために嫁を探し出して、結婚させるというものです。この「花嫁」はほかの男と交わって子供を作るのですが、生まれた子供は死んだ男の子供とされ、財産も継承されます。こうすることにより、男の血統を絶やさずにすむわけです。

一見すると、これは前述した「女性婚」と似ています。どちらも男側の血統を残すことが目的だからです。実際に現地では、女性婚なのか亡霊婚なのか見分けがつきにくいケースもあります。

亡霊婚は中国や台湾にも存在しますが、その形はフランスやアフリカのものとは少し異なります。

中国では山西省《さんせいしょう》や河南省《かなんしょう》などで亡霊婚が行われ、「冥婚《めいこん》」と呼ばれています。男が未婚で死去した場合、若い女性の遺体を探し出して結婚させるのです。おかげで若い女性の遺体の値段が高騰し、十五万元（約二百三十五万円）では骨一本も買えないと言われています。そのため、若い女性の遺体を盗む犯罪が頻発し、娘を失った両親は、遺体を盗まれないように墓の見張りをしていなければなりません。さらに、遺体を掘り起こすのが面倒くさいので、生きた女性を殺害し、そのまま遺体を売り飛ばすという事件まで起きています。

一方、台湾での冥婚はかなり違っています。女性が未婚のまま死ぬと、彼女の髪の毛、爪、お金などを赤い袋に入れて表に出しておきます。それを最初に拾った男が亡くなった娘と結婚するのです。この結婚を断るのは良くないこととされています。男はほかの女性と結婚してもかまいませんが、亡くなった女性が正妻ということになります。

なぜこのような儀式を行うのか。先に挙げた「男側の血統を絶やさないため」という理由もありますが、もう一つ「死者を慰撫《いぶ》するため」という理由もあるのでしょう。結婚せずに死んだ者はかわいそうであり、放っておくと良くないことが起きるので、冥婚をさせて慰めるというものです。

この背景には「現世では結婚は素晴らしいものだから、あの世でも素晴らしいものに違いない」という、極めて現実的な考え方があるのでしょう。この世とあの世は地続きの世界なのです。

離婚のいろいろ

離婚できない宗教もある

私の知っているある男がフィリピンに行ったところ、現地のものすごい美少女に見初められ、結婚してくれという話になったといいます。

「すごいな、結婚すればよかったのに」

と私が言ったら、彼はこう返しました。

「だって、自慢げに『フィリピンの女の子は、絶対に離婚しないのよ』と言うんだぜ。どんなことがあっても離婚してくれないということは、嬉しいことか、それとも恐ろしいことなのか……」

そう、フィリピン人は離婚しないのです。

これは別にフィリピン人が貞節だからとか我慢強いからとかいうわけではなく、初めからフィリピンには離婚の法律が存在しないので、離婚しようがないのです。

　その理由は、この国にはカトリック教徒が多いからです。カトリックでは結婚とは秘《ひ》蹟《せき》（神の恩寵《おんちょう》を与える儀式）なので、人間の力では打ち破ることができないのです。同じくカトリック教徒の多いイタリアでも、離婚が法的に認められたのは一九七〇年にもなってからです。

　また、ヒンドゥー教徒も基本的に離婚ができません。ヒンドゥー教では、夫婦は今世ばかりではなく来世も永遠に夫婦なので、離婚しようがないのです。ただし、階層の低いカーストの者は、比較的自由に離婚できます。

　一方、離婚はできるが、その手続きが非常にややこしいのがユダヤ教です。あまりに面倒くさいため、多くの人が力尽きて離婚をあきらめてしまうほどです。まず離婚するためには、夫がゲットという離縁状を書かねばなりません。この書き方の様式が、非常に複雑で厳格に決められています。このゲットを妻側に渡すのですが、単に手渡すのではありません。ラビ（ユダヤ教の祭司）がゲットを空中に放り投げ、妻側の証人がそれを空中で受け取らねばならないのです。受け損なったら、当然やり直しで、これが成功するまで延々と繰り広げられるのです。

どこか強迫的な儀式ですが、宗教というものは、多かれ少なかれ強迫的なものです。イスラム教でも、礼拝は一日五回、メッカの方角を向かい、両手を耳の高さまで上げ、その後へそのところまで下ろし、左手を下にし……などと事細かく定められています。

「おまえと離婚する」と三回言えば離婚できる?

その一方、あまりに簡単に離婚できてしまう文化圏もあります。

インドなどのイスラム圏には、夫が妻に「おまえと離婚する」と三回言っただけで離婚できる習慣があります。最近では、口頭だけではなく、Eメールやフェイスブックのメッセージなども利用されているほどです。もっとも、あまりに簡単に離婚できてしまうので、この離婚法は多くのイスラム世界で法的に禁止されています。

ほかにも世界にはいろいろな離婚法があります。たとえば、ロシアのチュバシ族は、離婚したいときは夫が妻のヴェールを引き裂かねばなりません。また、ネイティヴ・アメリカンのフパ族では、夫が死んだとき、夫の遺体が外に運び出される前に、妻は夫の脚の間をまたいでいかねばなりません。この儀式を行わないと妻は亡夫と縁を切ることができず、そのことが妻に不幸をなすとされています。

日本では江戸時代まで、離婚のときは夫が妻に離縁状を書くのが普通でした。この離縁状が三行と半分ほどの長さだったので、三行半《みくだりはん》と呼ばれています。離婚は夫が妻に言い渡すもので、妻が夫に要求することはできませんでした。妻が離婚を望む場合は、縁切寺に逃げ込んで、寺の調停に期待するしかなかったと言われています。

結婚のない民族・モソ族

「恋人は二百人いるよ」

中国南部の雲南《うんなん》省は、「少数民族の宝庫」と呼ばれています。現地を歩いていると、色とりどりの民族衣装を着た少数民族が町を闊歩《かっぽ》している姿をよく見かけます。

着飾ったモソ族の女性たち

ここにモソ族という民族が暮らしていますが、彼らは「結婚のない民族」として知られています。

モソ族の性愛生活を、中国語で「走婚」と言います。「走」は中国語で「歩く」という意味です。「婚」という字が使われていますが、これは私たちの知っている「結婚」ではありません。一言でいうと、完全な自由恋愛です（モソ語でセセと言う）。より直截《ちょくせつ》に言えば、「夜這《よば》い」ということです。

モソ族の男は、気に入った女を見つけると、夜中に人知れず女の家に忍び寄ります。女は「花楼」と呼ばれる特別な部屋で寝ているのですが、そこで関係を持つのです。

夜が明けると、男はまた人に見つからないようにして帰っていきます。セセが盛んなあまり、夜になっても自分の家で巣食っているような男は、腰抜けと言われて馬鹿にされるような世界です。

モソ族には、「恋人が二百人いる」と豪語する男女も珍しくありません。むしろ、多くの異性を虜《とりこ》にする者が尊敬されるのです。

モソ族に「嫉妬」という言葉はない

では、自由な性愛の結果、女に子供が生まれるとどうなるのでしょうか。

モソ族は女系制社会なので、そのまま子供は女の家で育てられます。男はほとんど関係のない世界で、男が育児に携わることはありません。それどころか、自分の父親が誰か知らない子供も多いのです。別に知ったところで、大したメリットはないからです。

男女が別れる時も簡単です。男は女のところに行くことをやめ、女は男を家に入れなければいいのです。だから離婚を巡る訴訟も、慰謝料の支払いもないし、養育費でもめることもない。嫁と姑《しゅうとめ》のいざこざもない、日本の女性から見たら夢のような世界でしょう。

モソ語には「独占」「嫉妬」に当たる言葉がありません。一人の異性と関係を持ちながら、ほかの異性とも逢瀬《おうせ》を楽しむことはいくらでもあるのですが、こういう時、嫉妬したり騒ぎ立てたりすることは、非常に不道徳ではしたないことだとされています。日本で嫉妬というと、あたかも真の愛情の裏返しのように言われ、大目に見られることが多いのですが、もともと嫉妬はキリスト教でも「七つの大罪」の中に含まれる負の感情です。あまり他人にお勧めできるようなものではありません。

モソ族の村を歩くと、男は働かず、トランプやビリヤードをして遊んでいるのをよく見かけます。その一方、女は大きな荷物を背負ったりして熱心に働いています。「男は夜に奮い立つために、昼間は休むべきだ」と考えられているからです。

ちなみに、モソ族の男が走婚で選ばれる際の重要な要素は容姿や人柄で、経済力はほとんど重視されません。母子は父親とは関わりなく暮らすので、父親の経済力など当てにしても意味はないのです。

本当に子供に親は必要なのか

先ほど、私は「自分の父親を知らないモソ族の人は多い」と書きましたが、もう一つ面白いことに、自分の母親が誰かも知らないモソ族の人も多いのです。

それはなぜかというと、モソ語では母親を「アミ」といい、そして母の姉妹も同じく「アミ」と言うからです。つまり、家の中で「アミ」という言葉が飛び交っていても、誰が本当の血のつながった「母親」かはわからないのです。

ちなみに、「母」と「おば」、「父」と「おじ」の言葉上の区別がない民族は、世界的に見るとむしろ多数派です。日本語や英語のように、これらを峻別《しゅんべつ》するほうが少数派なのです。つまり、一つの家族に複数の母や父が存在するということです。わざわざこれらを区別する必要がなかったのでしょう。

この事実は、私たちに深刻な疑念を突き付けます。

果たして本当に、子育てにおいて、父と母の存在は必要なのでしょうか。もしそれが、暴力的で愛情のない父母だったらどうするのでしょうか。その場合、父母の存在はむしろ有害無益ではないでしょうか。

実の父と母が誰かわからなくても、平然と存続している社会もあるのです。日本でも昔から「生みの親より育ての親」「親はなくとも子は育つ」と言いますが、このことわざは残念ながら真実なのではないでしょうか。

「父」「母」は猥褻語

さて、このように書いていくと、モソ族の社会が性にとてつもなく奔放なパラダイスに思えてきて、思わず昆明《こんめい》行きの航空券を予約しはじめる人もいるかもしれませんが、もう一つ重大な事実があります。モソ族の社会は、実はとても性的タブーの厳しいところでもあるのです。

たとえば、人前で「父」「母」「走婚」といった言葉を口にするのは、タブーです。これらは、一種の猥褻《わいせつ》な言葉だとされているのです。「父」や「母」が卑猥な言葉だというと驚くかもしれませんが、言うまでもなく、普通はセックスをしないと父や母にはなれません。つまり、これらの言葉もやはり性的な言葉だと考えられているのです。よく考えると、私たちが父とか母とか、妊娠とか、子づくりとか、まったく照れずに口にできるほうがおかしいのかもしれません。

また、恋人同士が人前で一緒に歩いたり、手をつないだりすることもタブーです。誰と誰が恋人同士なのかは、子供ができるまでは慎重に秘匿されているのです。モソ族の情熱が燃え上がるのは夜だけで、昼間はあくまで素知らぬ顔をしてすごさねばなりません。

もっとも、近年のモソ族の地域では、女性の出稼ぎが増加し、村の女性が少なくなり、セセは少しずつ消滅しつつあります。また、テレビや携帯電話などの侵入により、彼らの価値観は激しく揺さぶられています。

第三章　世界の奇妙な男と女

世界で最も美しい民族は？

マリリン・モンローは美人ではない？

この世の中で、「美」ほど移ろいやすく、出鱈目《でたらめ》なものもありません。

たとえば、一九六三年に新聞記者の本多勝一《ほんだかついち》氏がカナダの先住民イヌイットの取材に出かけたとき、現地で「美人コンテスト」を開催しました。イヌイットの美人、日本の女性、南欧系美人、そして典型的な金髪美人であるマリリン・モンローの写真を持って行ってイヌイットの男たちに見せたのです。

その時、一番人気だったのが日本人女性でした。そして、最も人気がなかったのがマリリン・モンローだったのです。二十世紀の美人のイコンともなっているハリウッドの大女優が、「こんなのは順位の列にも加えられない」とさんざんの評判でした。

イヌイットはモンゴロイド系の民族だから、白人の美人よりイヌイットや日本の美人を評価したのは当然です。しかし、ただ一人だけ、イヌイット美人よりも南欧系美人を推した男がいました。そしてこの男は、村でただ一人、カナダ人教師のいる学校に通っていたインテリだったのです。つまり、彼だけは白人の顔に慣れ、白人の美しさを学習していたからこそ、モンローの美しさに気づいたというわけです。

首が長いほど美人とされる民族

つまり、「美」とは永遠不変の概念ではなく、民族や時代によって容易に変わるものなのです。

顕著な例が、ミャンマーに住むカヤン族でしょう。彼らは「首長族」とも言われ、女性は首が長いほど美人だとされています。そのため、子供のころから首に少しずつ金属の輪をはめて、首を長くしていきます。といっても、現実に首が長くなっているのではなく、輪の重みで肩が下がっただけなのですが。

彼女たちの中で不倫をした女性は、罰として首輪を外されてしまうことがあります。そうなると、あまりに首が長くなりすぎたために自力で首を支えられず、寝転がったり、両手で頭を支え続けねばならなかったといいます。

また、唇に大きな皿をはめているエチオピアのムルシ族の女性も有名です。これは、唇に切れ目を入れてデヴィという皿をはめるもので、皿が大きければ大きいほど美人だとされています。普段は皿を外していることが多いのですが、男に食事を出すなど、儀式ばった時には必ず皿を装着します。それと、この姿が観光資源にもなっているので、村に観光客がやって来たときにもつけねばなりません。

デヴィについては、「女を奴隷狩りされないように、わざと醜くさせたのだ」という説もありますが、これは誤りでしょう。だいたい「唇に皿をはめるのは醜い」という発想が、すでに西洋中心主義的なものです。ムルシ族は本気でデヴィの女性が美しいと思っていると見なしたほうが自然です。

日本を含めた先進国では、拒食症の患者が現れるほどダイエットが花盛りですが、インド、ミクロネシア、アラビアなど、逆に太っている女性が美しいとされる地域も多いのです。これは、太っているほうが豊かで金持ちだと考えられているからです。

中には、アフリカの南ヌビアのように、結婚する四十日前から、穀物や肉入りのヤギ

（上）首が長いほど美人とされるカヤン族の女性
（下）ムルシ族の女性は唇の皿が大きいほど美人

の乳を女に無理やり摂取させ、強制的に太らせる地域もあります。しまいには、太りすぎて体を動かせなくなった女性もいるほどです。拒食症とはまったく逆の問題が起こっているのです。

また、インドネシアのカリマンタン島のダヤク人は、耳たぶが大きいほど美人だとされています。そのため、男も女も、耳に巨大なイヤリングをつけて、無理やり耳たぶを垂れ下がらせます。

有名な中国の纏足《てんそく》も同様の例と言えるでしょう。かつての中国では、女性は子供のころから、足の指を折り曲げ、布で縛り付けて、強制的に足を小さくしていました。足の小さい女性が美人だとされていたからです。纏足をされた女性はヨチヨチ歩くことしかできず、その姿がまたかわいらしいと評判でした。また、纏足を舐《な》めまわしたり、纏足で男性器を弄《もてあそ》ぶことなども、秘められた喜びだったといいます。

不自然なものこそ美しい

これらはすべて不自然な人体の改造であり、この世から消し去るべきものなのでしょうか。

必ずしもそうではないのです。たとえば纏足をすると自由に歩くことができなくなりますが、それはハイヒールやパンプスを履く現代女性と大して変わるところがありません（もちろん、ハイヒールやパンプスは自分の意志で脱ぐことはできますが）。ハイヒールやパンプスを履いている女性が、すべて何者かによって強制されているとは言えないでしょう。

第一章でも述べましたが、もともと「美」とは人工的で、自然に反するものです。現代の日本でも、女性は整形手術をしたり、カラーコンタクトレンズを入れたり、髪を染めたり、栄養失調になるまでダイエットに励んだりと、ありとあらゆる不自然なことをして美しくなろうとしています。

そもそも、化粧そのものが自然に反する行為です。女性がよく「ありのまま」「自分らしく」「自然体」などと言いたがるのは、化粧やファッションという行為が、初めから反自然的であることに気づいているからにほかなりません。

同様に、現代の日本では、おおむね女性の胸は大きいほうがよいとされていますが、逆に小さいほうが美しいとされる場合もあります。十六～十七世紀のスペイン、黒海沿岸のチェルケシア、アメリカ先住民のチェロキーなどがそれで、石や鉛の板で女性の胸を圧迫し、胸の発育を抑えるといった、涙ぐましい努力をしていました。

「なんて野蛮な、女性を抑圧する文化なんだ」と憤る人もいるでしょうが、日本も大して変わりません。現代の日本の女性は隙を見ては和服を着たがりますが、あの和服の帯はなぜ大きくて太く、体の上の方で留めるようになっているのでしょうか。

これもまた、胸を圧迫して小さく見せるためです。かつてはこれが行き過ぎて、女性の胸郭下部が変形し、肝臓に溝ができてしまうほどでした。そもそも和服は、女性の体の線を隠すような構造になっています。だから胸を押さえつけられる半面、腰回りには余裕があるのです。その意味で、和服も十分に女性を抑圧しており、反自然的だと言わざるをえません。

女より男が着飾る民族

世界一の自惚れ屋

ライオンやクジャクなど、雌よりも雄のほうが派手でお洒落《しゃれ》な動物は自然界には存在しますが、人間の世界では、たいていは男より女のほうがお洒落に熱中しています。

私自身はかなり派手で明るい色が好みなので、日本で洋服を買うときは困ります。日本の男性向けの服は暗く地味な色のものが多く、値段も女性ものよりも高いからです。「これはいいな」と思って手に取ったものが、女性ものだったということはよくあります。

アフリカのニジェールの遊牧民であるウォダベ族は、女性より男性のほうが着飾ることで知られています。彼らは「世界一の自惚《うぬぼ》れ屋」とも呼ばれています。彼らは非常に「美」という価値観を重んじる民族です。美しくない男は、それだけで女房に逃げられてしまうほどです。

ウォダベ族の男は、朝起きると、まず手鏡を除いて自分の顔をチェックします。家畜の世話などは、後回しなのです。白く大きな目が美しいとされているため、目の周りに黒いアイシャドウを塗って白目を際立たせます。長い髪を細かく三つ編みにしてビーズで飾り、アクセサリーや香水を身にまといます。

ウォダベ族は美男子のことを“kayeejo naawdo”と呼びます。これは「痛みをともなう人」という意味で、文字通り見ているだけで心が痛くなってくるほど美しい、という意味です。

勝者は審査員とセックスを

ウォダベ族の男たちが輝くのが、毎年九月に行われる「ゲレウォール」という祭りです。ここで美男子コンテストが行われ、勝者は審査員の女性とセックスができるという、男にとってはうれしい祭典なのです。ゲレウォールの日、夜が明けるとともに、女が歌を歌って祭りの開始を告げます。

わざとらしいほど白い目と歯を強調する

「明けの明星がのぼった。きれいな女の子！　ハンサムな男の子！　一日が始まる前に起きなさい！」

男たちは何日もかけて、祭りのための準備をします。スリムな体が美しいと言われるため、数日前から食事を抜くほどです。

当日も何時間もかけて身を飾ります。歯は白いものが美しいとされているため、唇を黒く塗って歯を際立たせたり、顔にサフランや土を塗って黄色や赤に染めたりします。これらの化粧道具には、魔術的な効能を持つとされる成分が含まれています。さらには、向精神作用のある樹皮を含んだ飲物を飲み、自らを奮い立たせることもあります。

そして頭に鳥の羽を翻らせ、全身をアクセサリーで武装すると、彼らはコンテストの戦場に立ちます。そこでは、数十人の男たちが横に並び、歌を歌いながら飛び跳ね、「ヤーケ」というダンスを踊るのです。

ここで面白いのが、みんなわざとらしいほどにこやかに微笑み、目を大きく見開くことです。前述のように、この民族の男は目と歯が白いのが美しいとされているため、みな懸命にその部分を強調しようとしているのです。これは相当に表情筋を疲れさせるに違いありません。スタミナも彼らの重要なアピールポイントです。

審査員の女性は三人です。「美というものは主観的なものだから、いくらでも不正はできるんじゃないか……」と思う人もいるでしょうが、必ずしもそうではありません。審査員は別々の氏族から選ばれていて、勝者を選び出すときは違う氏族から選ぶことになっているので、不正はしにくいのです。

そして、審査員の女性に選ばれた男は、名誉だけではなく、審査員とセックスする権利を持ちます。日が暮れると、二人は連れ立って茂みの中に消えます。この場合、勝者や審査員がかりに既婚者であっても、関係ありません。やはり二人にはセックスの権利があるのです。

さらに、これを機に勝者と審査員が結婚してしまっても、それはそれで歓迎されます。もちろん、結婚せずに肉体経験だけを楽しむこともできます。もともとウォダベ族は一夫一婦制ではないので、既婚者が愛人を持っていても、一向にかまわないのです。もっとも、中には心の狭い男もいて、妻を寝取られるのを避けるために、妻を祭りに連れて行かない男もいるのですが。

カツラに命をかける男たち

パプアニューギニアのフリ族も、女よりも男が着飾る民族としてその名を馳《は》せています。

フリ族の男はウィッグマン（wigman）と呼ばれています。文字通り「カツラ男」という意味で、頭に巨大なカツラ（マンダという）を載せています。

この民族の男は十七歳くらいになると、「カツラの学校」に入学します。ここでカツ

カツラと化粧に命をかけるパプアニューギニアのウィッグマン

ラの作り方を学ぶだけではなく、大人の男としての振る舞いを身につけます。一種の若衆宿のようなものと言っていいでしょう。この学校は女人禁制で、女は厳しく遠ざけられます。

学校で数年を過ごし、髪の毛が伸びて頭の上でキノコ状になるのを待ちます。寝るときも髪の毛を崩さないように、首に細い棒を当て、頭を宙に浮かせて眠ります。おちおち安眠すらできません。

通過儀礼と言うものは、肉体的にも精神的にも苦しいものです。また、お洒落というものはたいてい不自然なものです。「健康的な美」などというものは、この世にはほとんどないと言っていいでしょう。

そして最終的には、彼らは伸びた髪の毛を丁寧に剃《そ》り、それでカツラを作ります。このカツラが出来上がると、男は大人になったとみなされ、結婚することも許されます。フリ族では、日常的な仕事は女がやるので、男は戦争以外にやることがありません。だから男たちはカツラをかぶり、極楽鳥の羽をかざし、派手な色合いで顔を塗りたくって、自らの美を競い合っているわけです。

女性器を切除する「女子割礼」

女の絶叫がホテルに響く

スーダンのホテルに泊まると、夜中にどこからともなく女性の絶叫が聞こえてくることがあります。これは、新婚初夜の花嫁の叫びです。花嫁は花婿から女性器の切開を受けているのです。

スーダンの女性の多くは、いわゆる「女子割礼」を受けています。これは、クリトリスと大陰唇・小陰唇を切除し、膣《ちつ》を縫い合わせてしまうというものです。初夜になると、花婿は花嫁の封鎖された膣を開くため、指や男性器を少しずつ挿入していきます。これが苦痛を呼び起こすのです。完全に挿入できるようになるまで数か月かかることもあるようです。また、新郎が焦るあまり、ナイフやハサミで膣を切開してしまうこともあります。この膣切開を男一人の力でできないということは、男にとって大変な屈辱なのです。

いま、全世界で二億人もの女性が女子割礼を受けていると言われています。多いのは、アフリカ、中東、アジアなどの地域です。しかし、一口に女子割礼といっても、以下のようなヴァリエーションがあります。

① クリトリスの除去
② クリトリスと小陰唇の除去
③ 外性器を除去し、膣を縫い合わせる

④　①〜③に属さないもの。ハーブで小陰唇を伸ばすなど

どのタイプも医学的に必要な手術ではないため、少なからず体にダメージをもたらします。それは、尿保留、尿道や肛門《こうもん》への負担、精神的苦痛、妊娠出産への障害など多岐にわたります。

最もダメージが大きいのは③の「陰部封鎖」です。たとえば、ジブチでのやり方はこうです。まず、剃刀《かみそり》でクリトリス、小陰唇、大陰唇の黒い部分を切除します。その後、アカシアという木の棘《とげ》で膣を縫い合わせてしまいます。そして少女が脚を動かせないように紐《ひも》で縛り上げ、一週間ほど放っておきます。これは、傷口を早く癒着させるためです。

秘密結社の儀式

女子割礼は、多くの場合、大人の女性になるための通過儀礼として行われます。

アフリカの奴隷が作った国、シエラレオネの場合を見てみましょう。ここでは、ボン

絵を見せて女子割礼の恐ろしさを教える人々（エジプト）

ドー・ソサエティという女性の秘密結社の入社式として女子割礼を行います。秘密結社と言っても、別に世界征服を目論《もくろ》んでいる集団ではなく、現地の社会生活を構成する一つの団体にすぎません。

そこでは、大人になる前の少女たちをボンドー小屋の中に連れ込み、目隠しをして全裸にし、押さえつけてクリトリスを切除します。もちろん麻酔などはなく、切り取るのも医師免許を持った者ではありません。少女が泣き叫ぼうが、暴れようが、一向にかまいません。こういう儀式はあくまで秘密結社のものなので、外部に漏れないように慎重に隠蔽《いんぺい》されます。

割礼を受けた少女は、ボンドーで女性としての嗜《たしな》みを教わり、花嫁修業をします。これが終わると、少女たちは着飾って集落を練り歩き、自分たちの晴れ姿をお披露目します。いわば、日本の成人式で女性が晴れ着を着るのと同じです。この日だけは無礼講で、少女たちは歌い踊り、ご馳走《ちそう》や酒をふんだんに振る舞われます。こうして少女たちは大人の女になり、結婚することが許されるのです。

女子割礼しないと売春婦になる？

女子割礼は、紀元前二世紀ころのエジプトですでに行われていました。この頃に発見されたパピルスにそれらしき記述があることが根拠になっています。現代でも、女子割礼が行われる地域はナイル川流域に集中しているので、発祥の地はこの辺りなのでしょう。

女子割礼はイスラム教の地域で多く行われているので、イスラム教の義務だと思われることが多いのですが、これは正しくありません。そもそも、コーランに女子割礼を命じる記述がないからです。もっとも、これをスンナ（ムスリムの義務）だと考える人々も少なくありません。

では、なぜ女子割礼は行われるのでしょうか。

先ほど述べたように、一つは大人になる通過儀礼、という意味が挙げられます。もともと通過儀礼には、女を女らしく、男を男らしくする意味合いがあります。しばしばクリトリスは男性的なものとみなされるので、これを切除することにより、本当の女になるというものです。これは男性の割礼でも同じで、男性器の包皮はしばしば女性的なものとみなされるので、これを切除することにより、本物の男になるとされているのです。

そのほかに、「女性がレイプされるのを予防するため」「結婚するまで処女を守らせるため」「女の性欲を減退させ男がコントロールしやすいようにするため」といった説もあります。また、言い伝えのレベルですが、「臭くなる」「切除されないとクリトリスはペニスのように伸びる」「性欲がコントロールできず、淫乱になり売春婦となる」「女性器は醜いから、切除して見た目をよくする」「出産時に赤ん坊がクリトリスに触れると死ぬ」「性交時にペニスがクリトリスに触ると健康な子ができない」（内海夏子『ドキュメント　女子割礼』）といったことも言われています。

割礼を楽しみにする少女たち

このように、残酷で、肉体的にも精神的にもダメージを与える女子割礼なのですが、これを完全に撲滅するのは難しい、というのが現状です。

その一つの理由は、「女性自身が割礼を望んでいるから」というものです。女性割礼を、男が女を傷つけるために考え出した陰謀だというのは正しくありません。

前述のように、女性割礼はしばしば通過儀礼と結びつき、割礼をした後は無礼講でご馳走を振る舞われ、ちやほやされるという訳で、割礼を楽しみにしている少女もいるのです。シエラレオネで女子割礼を手がけたある女性は、「処女の割礼なくして、私たちは何を祝って歌い、踊ればよいのですか？」（内海夏子『ドキュメント　女子割礼』）と言っています。

また、幼いころから割礼に憧《あこが》れ、草むらで割礼ごっこをして遊ぶ少女もいます。中には、割礼を否定する両親に反発して、割礼してもらうために家出する少女まで存在します。彼女たちにとっては、割礼は大人の女性になるための証《あかし》なのでしょう。それを否定する親は、自分が大人になることを妨害し、家に閉じ込めようとする悪人なのでしょう。そして、女子割礼の儀式を実行する人々のほとんどが女性なのです。シエラレオネのボンドー・ソサエティは完全に女性だけの秘密結社で、男が関与することは許されません。女性割礼に強く関わってくるのは母親などの親族の女性です。

実際、陰部封鎖までされると、セックスするときの痛みは大変なものでしょう。しかし一方で、この痛みに喜びを覚える女性もいるのです。ここまでして私は夫に満足感を与えてあげているんだ、という優越感を感じるのです。ここまで来ると、もはや政治やフェミニズムの手が永遠に届くことがない、愛の神秘の領域でしょう。

出産後に、自ら病院に赴き、ふたたび膣を縫い合わせてくれと頼む女性もスーダンには多くいます。縫い合わせて膣を小さくすると締まりがよくなり、夫が喜ぶというのです。一種の処女膜再生手術のようなものなのでしょう。

女性器封鎖には、便利な側面もあります。スーダンなどでは、かりに女性がセックスをしてしまっても、ふたたび膣を縫い合わせれば処女だとみなされるのです。これは、思わず婚前交渉をしてしまったり、レイプされた女性にとっては、極めて有効なシステムと言えるかもしれません。こういう世界では、自由意志でやったはずの婚前交渉もまた罪と見なされるのですから。

非合理なものは消滅するか？

こういった事実に対して、「それは女子割礼というシステムを作った男に洗脳されているだけで、女はやはり被害者である」と主張する人もいるでしょう。

しかし、こういう見方こそ、もっとも女性差別的です。女には自分の意思がなく、男に簡単に操られる存在だと言っているに等しいからです。そもそも、女子割礼は男が発明したのだという証拠も別にありません。

また、「女子割礼は男子割礼とは根本的に違う」という意見もあります。男子の割礼は男性器の包皮を切り取るだけで大して痛くなく、旧約聖書に男子割礼を命じる記述があるので、宗教的根拠もある、というのです。一方で、女子の割礼は多大な苦痛を強いる上に、宗教的な根拠も特に見当たらない、ということで女子割礼の正当性を疑問視します。こういう人々は「女子割礼」という言葉は使わずに「女性器切除」などと言いたがります。

　しかし、まず苦痛という点では、そう簡単な話ではありません。たとえば、ニューギニアなどで通過儀礼として行われる男子割礼は、絶対に苦痛の声をあげてはならないのです。顔をしかめることすらタブーです。少しでも痛がるそぶりを見せると、その時点で男らしくないとみなされ、大人の男として扱われません。集落にいられなくなり、親族まで屈辱的な扱いを受けます。だから、少年は麻酔なしで行われる手術に、涼しい顔で耐えねばならないのです。決して痛みのない鼻歌交じりで乗り切れる儀式ではありません。それに対して、女子の通過儀礼の場合は、たいていは泣いても喚《わめ》いても許されます。

　また、宗教的根拠の有無を持ち出すと、宗教的根拠があるから続けてもよい、という話も出てきてしまいますが、これも無茶な主張でしょう。これを言い出すと、女性差別、LGBT差別、カースト差別など、何でも正当化されることになってしまいます。

　なぜ、このような残酷な通過儀礼があるのか。それは、通過儀礼には、大人になる前に子供であった自分を一度殺し、復活するという意味合いがあるからです。ニューギニアのバンジージャンプなどもそうです。通過儀礼は残酷であればあるほど、苦痛が強ければ強いほどいいとも言えます。

もっとも、女子割礼は女性だけではなく、男性にとっても大したメリットはありません。このような非合理なシステムが消滅するのは喜ばしいことですが、非合理なものは必ず消滅するというのは甘すぎる見方でしょう。逆に、非合理だからこそ存続するということもありえます。人間は、しばしば自ら苦痛を求めて彷徨《さまよ》う生き物なのですから。

フェラチオさせアナルセックスする儀式

若者宿に連れ込まれ……

フェラチオをさせて精液を飲ませる、アナルセックスをする、互いに性器を弄ぶ……。

これらは別にアダルトビデオの内容ではありません。ニューギニアのある部族が行っていた、通過儀礼の中身です。

ニューギニア高地人と言えば、つい最近まで石器時代と同然の生活を送り、首狩りの風習があったことで知られています。そこのサンビア族たちが行っていた成人の通過儀礼は、だいたい次のようなものです。

まず、少年は七歳くらいのときに、突如、母親のもとから連れ去られ、男しかいない若者宿に連れ込まれます。そこで、少年の鼻の穴に棒を突っ込み、鼻血を出させ、嘔吐《おうと》させます。これは、すさまじい苦しみをもたらす拷問です。

そして、年上の男が少年にフェラチオをさせ、精液を飲み込ませます。この部分は部族ごとに違いがあり、アナルセックスをする部族、自慰をした後に精液を少年のへそに塗りつける部族など、いろいろです。面白いのは、それぞれの部族が、自分たちのやり方こそ至高だと考えていて、ほかの部族のやり方は気持ち悪いと言って馬鹿にしていることです。

少年は、十年近くを若者宿ですごします。精液を飲まされ続けた少年は、そのうちまた年下の少年に精液を飲ませる役を演じ、やがて完全な成人の男として若者宿を離れ、女性と結婚します。

「人は男に生まれるのではない、男になるのだ」

なぜこんなディープな儀式を行うのでしょうか。

それはこういうわけです。フェミニズムの先駆者であるフランスのボーヴォワールは「人は女に生まれるのではない、女になるのだ」と言いましたが、ニューギニア高地人は「人は男に生まれるのではない、男になるのだ」と考えているのです。つまり、自然に生きているだけでは、真に男らしい男にはなれない。母親のもとから強制的に引き離し、男の精液を飲ませて初めて、本当の男になると考えているのです。

ニューギニア高地人は母親と子供の結びつきが強く、何年も母親から授乳され続けることがあります。儀式の最初に、鼻の穴に棒を突っ込んで鼻血を出させ、嘔吐させるのには、母親から授かったものを吐き出させ、ゼロにする意味合いがあるのです。彼らは、精液を「男のミルク」といみじくも呼んでいます。それを飲ませることによって、少年に「男らしさ」を注入しようとしているのです。

このような「制度化された同性愛」は、他の民族にも見られます。同じくニューギニアのバルヤ族では、女性が他の女性に母乳を飲ませる儀礼があったことが知られています。また、南スーダンのアザンデ族では、若い戦士と少年が結婚します。少年は「妻」として、家事の一切を取り行い、素股《すまた》を使って戦士とセックスをします。少年は戦士の行進の際には盾を持って参加したりして、戦士としての振る舞いや部族の掟《おきて》を叩《たた》き込まれるので、これも少年が戦士として自立するために必要な通過儀礼なのでしょう。

このように、人生のある時期に、若い男が女として振る舞ったり、同性愛に耽《ふけ》るのは、世界的に見てかなり普遍的な現象と言えるかもしれません。

男でも女でもない第三の性

少女はなぜ男と出歩くのか

前にフィリピンのセブ島に行ったとき、有り金をすべて盗まれてしまったことがあります。

途方に暮れて道端の粗末な食堂で食事していると、そこのマダムに話しかけられ、事情を話すと大変に同情されて、しばらくその家に厄介になりました。

その食堂では、ジーナという十八歳の少女が働いていました。フィリピンにはカトリック教徒が多いので、婚前の男女交際に厳しいことが多い。その地域でも、未婚の男女が二人だけで連れ立って歩くことは好まれなかったのですが、ジーナはその店で働いていたバイヨーという男と仲が良く、よく二人で遊びに出かけていました。

私は不思議に思い、「あの二人は恋人なんですか？」とマダムに聞くと、マダムは笑ってこう答えました。

「まさか。バイヨーは実はレディボーイなのよ。だから二人で歩いても大丈夫」

そう、バイヨーはいわゆるトランスジェンダーだったのです。確かにそういわれると、物腰が普通のフィリピン男性よりも柔らかく、服を着替えるときも恥ずかしそうに隠れてしていました。

最近の先進国ではＬＧＢＴがどうのと騒がれていますが、フィリピン、タイ、ミャンマーなどの東南アジアの地域では、昔からジェンダーの垣根を越えることに寛容で、地域社会において普通にトランスジェンダーが生きています。それは初めからそういうものだと考えられていて、それほど特別視されたり差別されたりすることもないのです。特に美容師にトランスジェンダーがよくいます。

こういった地域では、男の子を育てていて、どうもこの子は振る舞いが女性的だなと思うと、そのまま女の子として育ててしまいます。そして、十歳くらいで睾丸《こうがん》を除去しますます。こうすると男性ホルモンの供給が断たれるので、これ以上男性化が進むことも少ないのです。声変わりもしないし、毛深くなったり体がゴツゴツすることもない。そうやってより美しいレディボーイに育ててしまいます。

インドの第三の性「ヒジュラ」

インドにも第三の性が存在し、彼らを「ヒジュラ」といいます。これは、ヒンディー語で「両性具有者」を意味します。

彼らは、インド女性と同じようにサリーを着て派手な装身具を身に着けていますが、どこか体が骨ばっていて、声もハスキーです。彼らに「あなたは男か女か、どっち？」と聞くと、「そのどちらでもない。ヒジュラなのよ」と答えます。

男でも女でもないインドのヒジュラ

ヒジュラはインド亜大陸に五十万人ほどいると言われています。彼らは十人くらいの「ファミリー」を作って生活をしています。ファミリーの長をグルといい、その手下をチェーラーと言います。これは文字通り一種の疑似家族で、チェーラーはグルに絶対服従です。
ヒジュラは歌や踊り、物乞《ものご》い、

売春などで生計を立てています。近所で結婚式があるとか、男の子が生まれたとか聞くと、ヒジュラはすかさず出かけていき、歌や踊りを披露します。と言っても、別に向こうから招待されているわけではありません。無理やり押しかけていって、強引に芸を披露するのです。相手も、めでたい式ということで拒否はできずに、まあいいじゃないかということで済まされてしまいます。

また、お店の前で勝手に歌い踊り、その後堂々と見物料を請求します。別に店主は頼んだわけではないのでお金を払う義務などないのですが、いつまでも店の前でヒジュラに騒がれると迷惑なので、仕方なくいくばくかのお金を渡して引き取ってもらいます。

あとはなんといっても売春です。デリーの売春街にはヒジュラ専門の売春宿がいくつもあり、化粧の濃いヒジュラが客に嬌声《きょうせい》をあげています。この辺りは地元でも悪い噂が流れ、売春街の客引きもヒジュラの店には近づきたがりません。ヒジュラに店に連れ込まれた客が身ぐるみをすべて剝《は》がれて放り出された、などという話が飛び交っています。

生まれながらの両性具有者か?

多くのインド人は「ヒジュラは生まれながらの両性具有者」と信じています。そして、「両性具有の子供が生まれると、ヒジュラがどこからともなく現れ、その子を連れ去ってしまう」「物乞いの子供を攫《さら》ってきてヒジュラにする」などと言った怖い噂が流れています。

しかし、本当に生まれながらの両性具有であるヒジュラはほとんどいません。圧倒的多数が、去勢した男なのです。

「子供のころから自分が男であることに違和感を感じていた」「女の服を着たくてしょうがない」「感性が男性的でなく、女性的である」という悩みを抱えた男が、ヒジュラになります。インドは男性優位の社会だから、こういう男は蔑《さげす》まれ、居場所がありません。だから彼らは家を捨て、故郷を捨て、仕事や学業を捨ててヒジュラになるのです。彼らがファミリーを作って生きているのも、家族的な温かさに飢えているからかもしれません。

インドは厳格なカースト制の国であり、ヒジュラはカーストから弾《はじ》き飛ばされた、いわば指定カーストです。社会的に忌み嫌われ、差別されることが多いのが実態です。ホテルでは宿泊を拒否され、道を歩けばからかわれ、罵倒《ばとう》され、石を投げられたりする。そんな時、ヒジュラはしばしばこういう行動に出ます。サリーをたくし上げ、去勢した痕《あと》を見せつけて、こう叫ぶのです。

「呪われろ！　お前の子供がヒジュラになればいいんだ！　お前の家にヒジュラを産ませてやろうか！　そうしたら私の苦しみがわかるだろうよ！」

多くの人が、ヒジュラの股間《こかん》をまともに見ることができずに、顔を背けます。ヒジュラの呪いを本気で信じている者は多いのです。

ヒジュラは「賤《せん》」であると同時に「聖」だと考えられています。これらは完全に対立する概念のように見えますが、往々にして両極端のものは一致します。愛と憎しみがコインの裏表であるのと同じです。のちに述べる、神聖なはずの神殿で売春を行う神殿娼婦《しょうふ》もこれと同じと言えるでしょう。

もともとヒンドゥー教には、両性具有の神がしばしば現れます。ヒジュラはシヴァ神を信奉していますが、シヴァ神とその妃《きさき》パールヴァティーはしばしば一体となり、アルダーナリーシュヴァラという神になります。男性原理と女性原理が一つになり、性力《シャクティ》を持つという考え方があるので、男でも女でもないヒジュラを思想的に受け入れる余地はある、というわけです。

だから、ヒジュラは結婚式や男の子が生まれた場に出かけ、彼らを祝福します。赤ん坊の口に自分の胸を近づけ、母乳を与えるそぶりすらします。ヒジュラは穢《けが》れた存在とされているので、赤ん坊を抱くことにより、その汚れやカルマをヒジュラへと乗り移させようとしているのです。普段は賤《いや》しいとされ、触れることすら忌み嫌われるヒジュラですが、この時ばかりは上部カーストの人々も跪《ひざまず》き、聖なるヒジュラの体に触れようとします。

なお、インドでは二〇一四年に最高裁が「第三の性」を認め、パスポートの性別欄に〝T〟（トランスジェンダー）の表記が出現しました。また、バングラデシュでは二〇一八年からヒジュラとして選挙に投票・立候補することが可能になりました。さらに、インドのライガル市では二〇一五年にヒジュラの市長が誕生しています。

まことに素晴らしい気運なのですが、その一方で、インドでは同性愛が法律で禁止されているという、よくわからない状況ではあるのですが……。

男として生きる処女

第三の性が認められている文化圏は意外と多いといえます。ネイティヴ・アメリカンのツー・スピリット、インドネシアのチャラバイ、タヒチのマフ、サモアのファファフィネ、ミャンマーのナッカドー、オマーンのハニースなどが挙げられます。

一方で、キリスト教文化圏では、伝統的に同性愛を抑圧してきました。今頃になってLGBTの権利がどうのと騒いでいますが、前記の文化圏では、はるか昔からトランスジェンダーを容認してきたわけです。この点において、彼らは極めて先進的だったと言わざるをえません。

このうち、ネイティヴ・アメリカンのツー・スピリットやミャンマーのナッカドーは、主にシャーマンや霊媒師として働いている人々です。シャーマンが女装男性であるケースはかなり多く、アラスカやシベリアでも見られます。日本でも、横浜《よこはま》の「お札まき」など、男が女装する祭りがしばしば見られるのは、この系譜なのでしょう。

一方で、文化として男装女性が組み込まれている地域はそれほど多くありません。し

女装した男が札をまく横浜の「お札まき」

かし、珍しい例がバルカン半島にあります。

バルカン半島には、十九世紀から二十世紀初めまで男として生活を送る処女がいました。なぜ彼らが男として生きたというかというと、一家に男兄弟がいなかったからです。現地には厳格な家父長制度が敷かれていたため、男兄弟がいなければ、財産の継承者がいなくなり、財産が霧散する危険性があったからです。また、一家に男手がないと生活が成り立たないということもあります。

こういう場合、親が女の子を男として育てたり、女の子が自らの意志で男になったりします。彼らは戦争にも男として参加し、捕虜になった時初めて性別がわかったという例もあります。

彼らは一生処女でなければなりませんでした。男と性交したり結婚したりすると、直ちに男としての地位は剝奪《はくだつ》されました。別に彼らはレズビアンではなかったので、多くは一生男として、セックスの愉《たの》しみを知らずに生きたと言われています。

なお、女の子を男の子として育てる風習はアフガニスタンにもあります。この地域は男性優位の社会なので、男の子が生まれなかった場合、女の子を男の子として育て、労働などの責任を負わせるのです。彼らは「バチャ・ポシュ」と呼ばれています。風習とはいいますが、彼らはしばしば現地で差別され、迫害されています。

第四章　世界の奇妙な「性」と「聖」

神殿で売春する女

嫁入り前に体を売る

かつて、神聖なはずの神殿で、女が売春するという不可解な風習がありました。たとえば、古代ギリシャの歴史家であるヘロドトスによると、古代のバビロンでは、女は一生に一度ミュリッタ（ヴィーナス）の神殿に赴き、そこで見知らぬ男に体を売る習慣があったと言います。

女は神殿に座り込み、男が金を出して買ってくれるまで、ひたすら待ち続けます。男が出す料金はいくらでもよく、女はそれを拒否することは許されません。ここで体を売って初めて、女は結婚することを認められるのです。すぐに「客」がついたらいいのですが、あまり男好きのしない女は、買ってもらえるまで神殿で何年も男を待ち続けたと言います。

他にも、地中海のキプロス島では、嫁入り前の娘は必ず海岸に行って、何日も男に体を売る義務がありました。ここで稼いだ金を結婚の持参金に充てたり、ヴィーナスに寄進したりしました。

「神の女奴隷」デーヴァダーシー

とはいえ、「いくらなんでもこんな野蛮な風習は現代では死に絶えただろう」と思う方もいるかもしれません。

神殿で体を売る巫女デーヴァダーシー（1920年代）

しかし、ヒンドゥー教の国インドでは、今でも寺院における売春が続いています。この売春婦はデーヴァダーシー（ヒンディー語で「神の女奴隷」の意味）と呼ばれています。現代でも、インドでは五万人近いデーヴァダーシーがいるとされています。

デーヴァダーシーは九世紀頃に誕生したと言われています。十七世紀のフランスの旅行者フランソワ・ベルニエは、次のように書き残しています。

これらペテン師ども（著者註：バラモン）は、信者の中の最も美しい少女の中の一人を、（中略）ジャガンナート（著者註：ヴィシュヌ神）の妻として選び、偶像とともに威儀を正して寺院に運び、夜は少女をそこに残します。少女には、ジャガンナートが添い寝しに来るだろうと言い含め、今年が豊作かどうか、どんな行列、どんな祭り、どんな祈り、どんな供物をそのためにすればよいと望んでいるのか、ジャガンナートに尋ねるように命じておきます。そうこうするうちに、ペテン師の一人が夜、後ろの小さな扉から中に入り、少女を弄《もてあそ》び、何でも好き勝手なことを信じ込ませます。翌日、運んできた時と同じ豪華さで、凱旋車に夫であるジャガンナートの側に乗せて、少女をこの寺院から別の寺院に移します。バラモンは、ペテン師どもから教えられたことすべてを、ジャガンナート自身の口から教わったこととして、少女に大きな声で民衆に告げさせます。（倉田信子訳『ムガル帝国誌』）

現在、デーヴァダーシー崇拝の盛んなところは、南インドのカルナータカ州とマハーラーシュトラ州の境界です。この地域に多いのは、伝統的に干ばつの多い貧困地帯でもあるからです。宗教だと言いながら、この制度は経済的状況と密接に関わっているのです。

デーヴァダーシーは、女性なら誰でもなれるわけではなく、条件があります。その少女が処女で、初潮が来ておらず、健康で、色白でなければなりません（色白はインドにおける美人の重要な条件）。

娘を奉納するのは、ほとんどが貧しい指定カーストの者です。彼らは、何か不幸や不吉なことが起きた時や、娘の髪がもつれている時（これは神に選ばれた証拠とされる）などに、娘を女神エラマの寺院に奉納します。一九八七年のある満月の日には、カルナータカ州のエラマ丘陵で千人もの少女がデーヴァダーシーとして奉納されたと言われています。奉納され、デーヴァダーシーになった少女は、エラマと結婚したことになり、一生人間の男とは結婚できません。

そして少女に初潮が来ると、処女を散らす儀式が行われます。上部カーストで金持ちの男が一人、少女の処女を破る権利を買い取るのです。この時、男に剃刀《かみそり》で女性器を切り開かれたという証言もあります。もっとも、上部カーストは、指定カーストに触れてもいけないとされているのに、なぜ肉体関係を持つことができるのか、理解に苦しむのですが……。インドにおける聖と賤の概念は、相当いい加減に利用されているようです。

処女を失ったデーヴァダーシーは、このパトロンだけではなく、僧侶《そうりよ》や寺院を訪れた参拝者とも寝ることになります。ただし、デーヴァダーシーが客と励んでいるときにパトロンが姿を見せたら、客は立ち去らねばなりません。

やがて歳をとったデーヴァダーシーの多くは、都会の売春宿に売られていきます。彼女たちの多くは教育を受けず、文字も読めず、他の職業訓練も受けていないので、売春婦以外になりようがないのです。いまやデーヴァダーシーは、売春宿に娼婦《しようふ》を送り込む大きな供給源になっています。

デーヴァダーシーの未来は不確かです。運のいい女は、自分が売春宿の店主になったり、娘をふたたびデーヴァダーシーにして儲《もう》けることもできますが、歳をとって性的魅力を失った女は、物乞《ものご》いでもして生き延びるしかありません。

処女を利用する者たち

デーヴァダーシーは、一九八八年にはすでにインドでは非合法化されています。しかし、今も密《ひそ》かに奉納の儀式は行われています。

では、なぜこのような神聖なのか俗悪なのかよくわからない制度が今も続いているのでしょうか。

その単純な理由の一つが、デーヴァダーシーが「儲かる」からです。インドは極めて貧富の差の激しい国です。デーヴァダーシーを輩出するカーストはいわゆる指定カーストで、極めて貧しく、上部カーストからは人間扱いされていません。しかし、貧しい指定カーストの者も美しい娘を寺院に奉納し、処女を金持ちに売りつけるだけで、大金を手に入れることができるのです。

また指定カーストの多くは、寺院に入ることさえ許されていないのですが、この制度を利用すると、娘が寺院の神聖な巫女《みこ》にすらなれるのです。彼らの貧しさや虚栄心、上昇志向を見事に利用したシステムと言えるでしょう。

そしてもう一つ、デーヴァダーシーは神の巫女であるがゆえに、非常に尊敬されているからです。デーヴァダーシーは神殿で神聖な儀式を取り行い、上部カーストのめでたい儀式にも参加して祝福を与えるので、社会的にとても敬われるわけです。

こういったデーヴァダーシーを狡猾《こうかつ》に利用する者もいます。

デーヴァダーシーは儀式のときに神がかりになり、「○○は娘を奉納せよ」と神のお告げを伝えることがあります。この時、ある男が村に好きな少女がいるのなら、事前にデーヴァダーシーに賄賂《わいろ》を与え、「この少女の父の名前を出せ」と言っておけばいいのです。こうすると、村の美しい娘を確実に「予約」することができます。デーヴァダーシーの声は神の声なので、誰も疑うものはいません。

宗教とセックスは一見相反するもののように見えて、太古から互いに手を携えて生きてきました。たとえば、イエスに付き従い、彼の遺体に香油を塗ったというマグダラのマリアは、娼婦だったと伝えられています。娼婦だからこそ、その「罪」を許すイエスが必要だったのです。

また、インドのカジュラーホーの寺院には、露骨にセックスを描いたレリーフがおびただしく刻まれていることで有名です。日本の神社でも、しばしばご神体として、男性器や女性器のオブジェを祀《まつ》っています。さらに、先祖の霊を慰めるという盆踊りが、長い間性的乱交の場として機能していたのは、よく知られた話です。他にも、日本の立《たち》川《かわ》流、ロシアの鞭打派など、宗教と性が積極的に結びついた例は極めて多い。

考えてみると、宗教ほど「悪」や「賤」を必要としているものもありません。もしこの世に悪がなければ、それを打ち負かす宗教も必要なくなるからです。聖なるものと性なるものは、往々にして一致するのです。

祭りは性的乱交である

奴隷が王になり、王が奴隷になる儀式

アフリカのコートジボワールのアグニ族は、かつてペディ・ムルアという奇怪な儀式を催していました。王が亡くなり、次の王が即位するまでの間、すべての秩序が逆転するのです。王が奴隷になり、奴隷が王になる。奴隷は王としてのあらゆる権限を行使し、美食に淫《いん》し、王の妃《きさき》を凌辱《りょうじょく》し、酒池肉林の宴《うたげ》を繰り広げます。

まったく結構で楽しい祭りなのですが、一つだけ重大な問題があります。新しい王が即位し、この儀式が終わると、奴隷は無残にも殺されてしまうのです。そして、すべては元通りの世界になります。

このように、秩序が破壊され、乱痴気騒ぎが繰り広げられる祭りは、世界のいたるところにあります。というより、それこそ祭りの本質と言うべきでしょう。

世界で最も有名な祭りは、ブラジルのリオのカーニバル（謝肉祭）でしょう。謝肉祭とは、肉を断って懺悔《ざんげ》をする四旬節の前に、できる限り鯨飲馬食してはめをはずそうというものです。リオのカーニバルでは、全裸同然の踊り子たちが踊り狂い、あちこちで性的乱交が繰り広げられます。山車《だし》の上からコンドームをまき散らして配ることもあります。初めから乱交が行われることが織り込みずみなのです。

他にも、インドではホーリー祭という祭りがあります。これは毎年三月頃、色鮮やかな粉や水を投げつけあって遊ぶものです。参加者はみな全身が毒々しい色に染まり、ずぶぬれになります。ホーリー祭のときは、ホテルは外国人観光客に外出禁止令を出すことがあります。特に女性は外に出ることを止められます。痴漢をされたり、レイプをされたりする事件が後を絶たないからです。この祭りも、本来は性的な乱交が行われる祭りなのです。

インドはカースト制という厳しい身分制度のある国です。しかしホーリー祭のときは、カーストや、貧富、性別、年齢の差を突き破り、乱痴気騒ぎを楽しみます。普段なら、近寄ることすら許されない下層カーストの者が、上層カーストの者の顔に粉を塗りつけて嘲《あざけ》り笑います。

これは一種の「ガス抜き」です。アグニ族のペディ・ムルアもそうですが、いつまでも支配者が被支配者を抑圧するままにさせておくと、被支配者にストレスがたまり、いつ爆発するかわからない。これは支配者にとっても都合の悪いことなので、時々秩序を破壊して、被支配者の鬱憤を放出させようとしているのです。つまり、秩序を守るためには、定期的に秩序を破壊することが必要なのです。

なぜ盆踊りで顔を隠すのか?

性的な祭りが最も多いのが、実は日本です。

典型的なものが、夏に行われる「盆踊り」です。もともと盆踊りとは、性的乱交をともなうものでした。その証拠に、明治政府は何度も「盆踊り禁止令」なるものを布告しています。あまりに性的放埒《ほうらつ》が目に余り、外国人に見せるのが恥ずかしかったからです。

踊っているときに気に入った異性を見つけると、踊りの輪から離れ、近くの木の根を枕にして交わるわけです。その様子は、森鷗外《もりおうがい》の『ヰタ・セクスアリス』などでも仄《ほの》めかされています。

徳島の阿波《あわ》おどりをはじめとして、盆踊りでは、女性はしばしば菅笠《すげがさ》で顔を隠して踊ります。秋田県の西馬音内《にしもない》盆踊りでは、女性は黒い布で顔を完全に覆い隠して踊ります。なぜわざわざこんなことをするのでしょうか。それは、顔を隠し、誰だかわからないようにして、心置きなく性的乱交を楽しむためなのです。

女装した男が男性器の神輿を担ぐかなまら祭り

また、川崎《かわさき》市で行われるかなまら祭は、全世界から外国人が訪れることで有名です。男性器の形をした巨大なピンク色の神輿《みこし》を、女装した男たちが担ぎまわるという、カオスな光景が人気です。このように、男性

男は女をつねり女は男をたたく「しねり弁天たたき地蔵」

器を祀る祭りは多いのですが、愛知県の大《おお》縣《あがた》神社の豊年祭は、女性器の神輿が出てくることで知られています。町を練り歩く山車の上に巨大なおかめのオブジェが載っているのですが、その口が明らかに女性器の形なのです。

ほかにも、新潟県魚沼《うおぬま》市のしねり弁天たたき地蔵は、男は女をしねり（つねり）放題、女は男をたたき放題、という無礼講な祭りです。これも、かつての乱交の名残をとどめたものと言えるでしょう。

こういう性的な祭りは、「豊作を祈願したもの」とされることが多いです。「農作物の成長を人間の生殖と同一視していた」

と解釈されることがしばしばですが、これに対しては反論もあります。まず、「セックスをしたい」という欲望が先にあったのであって、豊作云々《うんぬん》は後付けではないか、というものです。

どんな文化圏でも、性のタブーはあります。タブーとは、人間と獣を分かつ、唯一かつ重要なものなのです。人間は単に「セックスしたいから」だけでは身も蓋《ふた》もないので、「豊作祈願のため」といった言い訳を持ってくる、という考え方です。よくアーティストが裸体を描くとき、「これは単なるエロではない。芸術なのだ」と力説することがありますが、それと同じです。

寡婦が炎に飛び込み殉死する

焼かれた花嫁

一九八七年九月四日、インドは戦慄《せんりつ》と熱狂に覆われていました。

ラージャスターン州のデオラーラ村で、わずか十八歳の若妻ループ・カンワルが、「サティー」を決行したというのです。サティーとはインド古来の風習で、夫が亡くなった時、妻が夫の遺体が焼かれる炎に身を投じて殉死するというものです。

夫が亡くなった時、ループ・カンワルは結婚してまだ八か月にもならず、夫と過ごした時間はわずか三週間ほどでした。二十四歳の夫マン・シンは大学を卒業後も職につけず、医師になろうとしていましたが、大学受験に二回も失敗しました。九月三日、夫は腹痛を訴えて病院に運び込まれたのですが、その翌日に死亡しました（自殺との説もある）。

「殉死」したループ・カンワルと夫マン・シン（合成写真）

ループ・カンワルは、その日のうちにサティーを決行したのです。警察がやって来た時には、すべてが終わり、夫も妻も灰になった後でした。

一方でこの事件は、別の大きな問題を引き起こしました。というのも、目撃者の証言が完全に食い違ったのです。

ある目撃証言はこうです。

ループ・カンワルは夫の急死を知ると、自らサティーを行なうことを宣言した。（中略）みんなは止めさせようとしたが彼女の決心は固かった。彼女の意に従い、夫の兄弟たちは彼女をチター（火葬するために積み上げた薪）にのせた。彼女はギー（上質の精製バター）を受け取ると薪と自分の体に塗った。誰も火を付けた者を見なかったのに、薪にひとりでに火が付いて燃え出した。彼女は夫の遺骸を抱いてにこやかに微笑みを浮かべながら死んで行った（謝秀麗『花嫁を焼かないで』）

しかし、これと対立する証言が次々と現れたのです。

「ループ・カンワルは自らの意志で殉死したのではない。殺されたのだ」

「夫婦には子供はなかったので、夫が死んだ後は、遺産は寡婦に相続される。また、寡婦の莫大なダウリー（結婚持参金）もそのまま彼女に返される。それを阻止するために殺害されたのだ」

「ループ・カンワルの足はふらついていた。麻薬を飲まされていたのだ。彼女に麻薬を飲ませた医師は、サティーの後に行方をくらませた」

「ループ・カンワルは何度も逃げようとしたが、そのたびに捕まり、最後には丸太に縛りつけられて炎の中に投げ込まれた」

「火は自然に付いたのではない。彼女の義弟が付けたのだ」

「ループ・カンワルは逃げられないように、薪の下に埋められていた。炎が彼女を舐めた時、彼女は助けを乞う悲鳴をあげたが、周りでサティーを盛り上げるブラスバンドや太鼓の音にかき消されてしまった」

「なくなった夫は不能であり、ループ・カンワルには実は愛人がいた（カーストの違いのために結婚できなかった）。彼女が殉死をするわけがない」


ですが、サティーが行われたデオラーラ村は聖地と化し、インド全土からおびただしい数の巡礼者が訪れました。それを当て込んだ商売人も殺到し、食べ物、飲物、香料、サリー、おもちゃなどありとあらゆるものが売られました。また、ループ・カンワルを讃《たた》える寺院を建てるためのお布施も飛び交いました。ついには、炎の中で微笑むループ・カンワルの合成写真まで作られ、ブロマイドのように売れる始末でした。

警察は、サティーに関わった二十八人を自殺幇助《ほうじょ》などの罪で逮捕しました。しかし、結局は誰一人訴追されず、釈放されてしまったのです。警察官もヒンドゥー教徒なので、サティーを止めるつもりはさらさらなく、初めからグルだったとしか考えようがありません。

サティーは奇跡か？

サティーとはもともとは「貞女」という意味です。

ヒンドゥー教では、夫婦は今世だけではなく来世までも永遠に夫婦だと考えられているので、夫が亡くなっても、寡婦が再婚することは許されません。それは重婚と同じ罪であり、あの世にいる夫の魂を苦しめるものとされているのです。

そして夫の死後、寡婦は恐るべき冷遇に甘んじねばなりません。ヒンドゥー教の経典である『マヌ法典』には次のような記述があります。

五・一五六　貞節な妻は、夫の世界を望むときは、夫が生きている間も死後も、彼にとって好ましくないことをしてはならない。

五・一五七　夫の死後は、清浄な花や根や果実〔を食して〕身体を痩せ細らせるのも自由である。しかし他の男のことは名前すら口にしてはならない。（渡瀬信之訳）

寡婦は頭を剃《そ》り、白いサリー以外を着ることは許されず、食事は粗末な一日一食、アクセサリーもつけてはならず、窓辺に佇《たたず》むことも許されず、寝るときは土の上でなければなりません。寡婦は生ける屍《しかばね》として生きなければならないので、特にこれが若い女性なら、苦痛もなおさら大きいでしょう。こういう悲劇的な運命から逃れるために、寡婦はサティーを行うと考えられるのです。

もっとも、サティーとは単なる自殺ではなく、一種の宗教行事ですから、以下のような超自然的な手順が定められています。

サティーの意図を家人に伝えると寡婦はろうそくの炎に指を近づけ、火傷しないことを証明する。つぎに川で水浴をして花嫁衣装に着替える。雨が降っていればそれは止み、太陽光線が火葬の薪を照らす。寡婦は積まれた薪の上に一気に飛び乗る。夫は妻のサティーを許可するために一瞬蘇るという。誰かが薪に火をつけるのではない。女神の祝福を受けて、寡婦自身の体の熱から炎が生じるのだ。寡婦にとってはそれはまた水浴をしているような感じで文字通り「炎浴（agni snāna）」とよばれる。（田中雅一編著『暴力の文化人類学』）

誰かが火をつけるのではなく寡婦自身の体の熱から炎が生じる、と神秘的な言われ方をしていますが、ここで先ほどのループ・カンワルのサティーにおいて「義弟が火をつけた」という証言が出ていることを思い出してください。

微笑んで焼け死ぬ女たち

十七世紀にムガル帝国を旅行したフランス人フランソワ・ベルニエは、実際に数々のサティーを目撃し、生々しい記録を残しています。

ベルニエはある時、今からサティーが行われるという知らせを受け、現場に駆けつけました。そこには薪が山と積まれていて、上に男の遺体が横たわり、そばには美しい女性が座っていました。

　バラモンたちが現れ、薪に火をつけます。周りでは、五人の中年女性が手を繋《つな》ぎ、歌い踊っていました。彼女たちは、夫婦に付き従っていた奴隷でした。薪にはすでに油やバターがかけられていたので、炎は一瞬にして薪を呑《の》み、寡婦の体を包みました。

　驚いたことに、寡婦はまったく悲鳴を上げたり苦悶《くもん》の表情を見せたりはせず、微笑んで座っていたと言います。そして、炎に身を焼かれながら「五、二」と叫びました。これは、大いなる輪廻《りんね》転生の中で、この女性が夫とサティーを行ったのはこれで五回目であり、あと二回で輪廻は完成する、という意味だったと言います。

　そして、サティーはこれで終わらなかったのです。炎の周りで踊っていた女奴隷たちも、次々に炎の中に身を投じ、焼け死んでいったのです。彼女たちは、愛する主人たちのもとに殉じたのです。

　また、ベルニエはこんな劇的な事件も報告しています。

　ある既婚女性がインド・タンバリンの奏者であるムスリムの男と浮気をしました。彼女はこの恋人と結婚をするために、夫を毒殺してしまいました（サティーには妻が夫を毒殺するのを防止するという目的もある）。彼女はムスリムの男のもとに走り、「今すぐ私を連れて逃げて。そうしないと、夫と一緒に焼き殺されてしまう」と訴えました。

しかし、男はこの女と結婚する気まではなかったのでしょう。女の訴えをあっさり退けました。それを受けて、女はどうしたか。大して慌てた様子もなく、そのまま親戚《しんせき》の家に行き、「夫が亡くなりました。私はサティーをして後を追いたいと思います」と宣言したのです。

親戚連中は、彼女の健気《けなげ》さにいたく感激し、さっそくサティーの準備を始めました。穴を掘り、薪を積み上げ、その上に亡夫の遺体を寝かせ、火をつけます。現場には、親戚と地元の人々が集まっていました。そして、その中に例の恋人もいたのです。彼は、サティーの最中にタンバリンを演奏するために呼ばれていました。

女は集まった人々を一人ひとり抱擁し、最後の別れを告げました。そして、恋人の番が来た時、女は彼の首にむしゃぶりつき、そのまま炎の中に引きずり込み、一緒に焼け死んでいったと言います。

自殺か、殺人か？

しかし、すべての女性が喜んで焼かれ死んでいったのではありません。強制されて殺された寡婦も多いのです。

ベルニエは、ラホールでまだ十歳ほどの若妻がサティーを行うのを目撃しています。彼女は涙を流し、体を震わせていました。まだ幼い彼女は、自分が置かれている状況をとうてい理解できなかったのでしょう。

しかし、バラモンたちは容赦なく彼女の体を捕まえ、薪の上に座らせました。逃げ出そうとする彼女を押さえつけ、手足を縛りつけ、そして火をつけて、焼き殺してしまったのです。

サティーは単に「亡夫を慕う寡婦のやむにやまれぬ想い」から生まれたのではありませんでした。

他にも、嫌がる寡婦には麻薬を嗅《か》がせて意識を朦朧《もうろう》とさせました。逃げ出そうとすると、棒で殴られて炎の中に追い立てられました。時には薪の山の下に穴が掘られ、寡婦はそこに埋められました。焼かれる寡婦が悲鳴をあげても無駄でした。観衆の歌やドラムの音でかき消されてしまうのです。先ほど、サティーにタンバリン奏者が呼ばれた話をしましたが、これは犠牲者の断末魔の叫びを聞こえなくする目的があったと考えられます。

また、炎の周りで奴隷たちが歌い踊っていた話を思い出してください。人間の脳は単調なリズムや音楽にさらされると、トランス状態に陥り、判断力を失ってしまうことがあります（クラブで陶酔しながら踊っている人々を想起してください）。サティーでのドラムや音楽、踊りは、寡婦の理性を失わせ、恐怖心を打消し、火の中に飛び込みやすくする目的があったと私は考えています。奴隷たちが「手を繋いで」踊っていたのも、一人の脱落者も出さないための策略に違いありません。

もっとも、すべての寡婦がサティーを回避できなかったわけではなく、炎の渦から逃れ、生き残った女性もいました。しかし、彼女たちには悲劇的な運命が待っていました。まだ若く美しい寡婦がサティーを行うと、下層カーストの男たちが大挙して現場に訪れるのです。

彼らは、寡婦が怖気《おじけ》づき、サティーを中止するのを待っているのです。サティーをやめてしまった寡婦は、もはや人間とは認められず、インド社会から追放されてしまう。そこを下層カーストの男たちは狙い、寡婦を自分たちのものにし、おもちゃにしてしまうのです。寡婦も、それ以外にもはや生きるすべがなくなるからです。

今なお消えない悪夢

サティーが始まったのは、紀元前三世紀頃と考えられています。そしてその風習が強まったのが、七世紀頃と言われています。この頃のインドでは、イスラム勢力の侵入がありました。ヒンドゥー教徒たちは自らのアイデンティティを明確にするために、ヒンドゥー教徒としての行動をより強化する必要があったのです。

記録によると、十九世紀にはベンガル地方だけでも年間八百件のサティーが行われ、ラージャスターン州では寡婦のうちの四人に一人がサティーにより死亡しています。しかし、この習慣はインドを統治するイギリス政府の中でも評判が悪く、ついに一八二九年にはベンガル州でサティーが法的に禁止され、それは他の州まで波及していきました。

ただ、長年の風習が、法律一つで消滅するわけはありません。二〇〇八年にもチャッティスガル州で、七十一歳の女性がサティーを行い死亡しているのです。

サティーは確かにヒンドゥー教の教えに基づくものですが、宗教の教えだからといって、何でも推進していいのでしょうか。それを言い出すと、宗教による洗脳・拉致《らち》・殺人など、何でも奨励していいことになりかねないので、適当なところでリミットを設けておくことが必要だと思われます。

第五章　世界の奇妙なタブー

不倫は悪なのか？

日本人の偽善

最近の日本で、「不倫」ほど評判の悪いものもありません。まったく自分とは関係のない、よく知らないタレントが浮気しただけで、世間が総叩《そうだた》きし、ほとんど社会的に抹殺されてしまうことは、みなさんご存じの通りです。

しかし、このようなことは、この国ではつい最近沸き起こった極めて新しい現象です。日本ではちょっと前まで「妾《めかけ》を養うのも男の甲斐性《かいしょう》のうち」と言われていたことは、よく知られていることです。戦後の首相には、妾の家から国会に通う精力的な男もいましたが、それが理由で失脚するなどということは、もちろんありませんでした。

たとえば、妾制度の猖獗《しょうけつ》に義憤を感じたジャーナリストの黒岩涙香《くろいわるいこう》は、一八九八年に有名人がどれほど妾を囲って快楽を貪《むさぼ》っているか、実名と住所を挙げて新聞の連載で糾弾しました。

この記事は、大変な反響を巻き起こしました——ただし、涙香が考えていたのとは逆の反響ですが。この記事に名前が載ることこそ名士の証《あかし》、ということで、「早く俺の名前も載せてくれ」「なぜ吾輩《わがはい》を取り上げてくれないんだ」などという要望・苦情が殺到したのです。

このような過去の例を考えると、最近の日本人の不倫恐怖症は、極めて怪しい、偽善的なものと言わざるをえません。

女が男に歌を聞かせると不倫？

もともと「不倫」とは「倫理に反するもの」という意味です。しかし「倫理とは何か」は民族や時代によって変わってくるので、不倫という概念はとても不確かなものなのです。

たとえば、日本では法的に不倫（不貞行為）は「配偶者以外の異性と性交渉を持つこと」を意味します。一方、アフリカのロジ族では、妻ではない既婚女性にビールや嗅《か》ぎタバコをプレゼントしたら、それだけで不倫と見なされてしまいます。この論理で行くと、日本のホワイトデーなどはどうなってしまうのでしょうか。

また、保守的なイスラム教の地域では、女が男と同室したり、女が男に歌を聞かせたりするだけで不倫と見なされ、女性が殺されてしまうことがあります。これには、未婚も既婚も関係ありません。かりにこの定義を日本に当てはめたら、どうなってしまうのでしょうか。普通の社会生活を送っている女性は全滅ということになります。

合法的に不倫を楽しむ「月の夫婦」

いわゆる「不倫」が合法的に組み込まれている社会もあります。

オーストラリアのディエリ族には「ピラウル婚」という制度があります。ピラウルとは「月の夫婦」という意味で、彼らは結婚する前にピラウルという複数の愛人を作ります。彼らは別の男女と結婚しますが、結婚してもピラウルはピラウルであり、セックスをしてもかまいません。自分の配偶者がピラウルと仲良くするのを嫌う者もいますが、この場合、文句を言う側が非難されます。嫉妬《しっと》するとははしたない、人倫に悖《もと》る、「不倫」じゃないかというわけです。

このような例は、枚挙に暇《いとま》ありません。ブラジルのクイクロ族にも似たような制度があり、彼らは結婚相手とは別に十人近くのアジョイスという愛人がいて、当然のごとく性的交渉を持つことが許されています。また、エチオピアのボラナ族では、ほとんどすべての既婚女性が愛人を持っています。逆に、愛人を持たない女は変わり者であり、弱虫などと非難されます。さらに、シエラレオネのメンデ族の女は、夫が愛人を作ると怒るどころか、逆に喜びます。「妾を養うのも甲斐性のうち」というわけでしょう。

多夫一妻制のインドのトダ族には、そもそも「不倫」に当たる概念も言葉もありません。だから、不倫をしたくてもしようがないのです。これは、不倫のスリルを楽しみたい人には残念なことかもしれません。また、他人の不倫を叩きたくて仕方ない人にとっても、ストレスが溜《た》まって困ることでしょう。

インセスト（近親相姦）は本当にタブーか

クレオパトラは弟と結婚した

インセスト（近親相姦《そうかん》）というと、考えるのもおぞましい、絶対にしてはならない、と思う人が多いでしょうが、本当にこれはタブーなのでしょうか。

結論としては、インセストは必ずしもタブーではない、と言えます。例外があまりにも多いからです。

たとえば、日本の最古の歴史書である『古事記』に記されている皇族の結婚を調べると、現在の日本の法律で禁じられている三親等以内の結婚が、四十五の結婚例のうち実に二十二例、半数近くにのぼっているのです。また、七一八年に公布された「養老令」には、天皇の妃《きさき》は天皇あるいは先帝の娘か姉妹でなければならない、と定められています。つまりこの場合、天皇の妃は近親の女でなければだめなのです。

このような例は世界中にあります。エジプトの女王クレオパトラが、自分の兄や弟と結婚したのは有名です。インカ帝国でも、貴族間の兄妹婚は禁じられていませんでした。こういう貴族や上流階級の場合、血の純潔を重んじるあまり、むしろインセストが奨励されるのです。

といっても、話は貴族の間だけに限りません。一般人においても、イヌイット、ジャワのカラング族、ニューカレドニア人などでは母と息子は結婚可能でした。また、ミャンマーのカレン族、マーシャル諸島、アフリカのアザンデ族などでは父と娘の結婚が、ハワイ、マーシャル諸島などではキョウダイ間の結婚がそれぞれ認められていました。

さらに社会生物学者のソーンヒルによると、世界の百二十九民族のうちで、五十六パーセントにものぼる民族が、親子やキョウダイ間のインセストを規制していないといいます。これでは、殺人とともにタブー中のタブーと言われているインセストは、必ずしも絶対的なタブーだとは言えなくなってしまいます。

話を整理しましょう。近親相姦と簡単にいいますが、何を近親とするかで、ずいぶんと話は違ってくるのです。

たとえば、日本では四親等以降の傍系血族とは結婚が可能です。「いとこ同士は鴨《かも》の味」という言葉がある通り、むしろいとこ婚が素晴らしいものとして推奨される気配すらあります。

しかし、いとこ婚は欧米ではほぼタブーです。アメリカではほぼ半数の州がいとこ婚を法的に禁じています（カトリックの教会法の影響による）。彼らから見ると、いとこ婚を認める日本の風土や法律は、とてつもなく野蛮なものに映るでしょう。

また、韓国人は合コンやナンパをするとき、まず相手の姓を聞くといいます。なぜなら、同じ姓だと結婚できないという風習があるからです。と言っても、姓が同じだと何でもだめというわけではなく、本貫（その姓の始祖の出身地）まで同じだと非常にまずい。最も多い金海金氏は韓国人の九パーセントいると言いますから、一割近い異性とは結婚できなくなります（ただし、一九九九年に法的には結婚可能になりました）。

インセストはなぜ忌避されるのか

さて、インセストのタブーは絶対的なものではないにしても、ほとんどの社会でインセストを回避する掟《おきて》やシステムを作っていたのは事実です。このインセスト・タブーはどこから来たのか。これについては百家争鳴です。

一つ言えるのが、動物の世界にもインセストを回避する傾向があるということです。たとえば、ニホンザルにはインセストがほとんどありません。これは、成熟した雄ザルは群れを離れて流浪してしまうため、自分の母親や姉妹などと交尾する機会がないからです。テキサス州のアラシヤマ西霊長類研究牧場のニホンザルの交尾を観察すると、千を超える例のうちインセストはわずか二例しか発見できなかったと言います。

こう言うと「そりゃインセストを嫌がるのは本能だろう。あんな気持ち悪いことができるわけがない」と思う人もいるでしょう。

確かにインセストが否定されるのは「人間は身近な異性には性欲を覚えにくいから」だという説もあります。一つの例が、イスラエルのキブツです。

キブツとは集団で農業などをする共同体で、子供たちは親から引き離され、共同生活を送っています。子供のころから同じ釜《かま》の飯を食い、眠り、お医者さんごっこまでします。しかし、キブツ内の二千七百六十九組の結婚例を調べてみると、六歳以降も同じキブッで過ごした男女が結婚した例は、ただの一つもありませんでした。

もう一つの例が、台湾のシンプア（新婦仔）婚です。台湾では、男の子が小さいうちに幼女を許嫁として招き、一緒に生活するという風習がありました。年頃になると二人は結婚するのですが、このシンプア婚は普通の結婚に比べ、離婚率や不倫率が高く、出生率が低いのです。

これらの事実は、「人間の男女は長い間一緒に暮らすと性欲を抱きにくくなる」という仮説を強く示唆します。

私の話ですが、私にも幼いころ、よくままごとをして遊んだ同い年の女の子がいました。私が高校生になったころ、同級生の男が一枚の写真を手に「この子を紹介してくれ」と血相を変えて詰め寄ってきたことがあります。それは、どこで手に入れたのか、その幼馴染《おさななじみ》の女の子の近影でした。「すごくかわいい。ぜひ付き合いたい」と同級生は大騒ぎするのですが、私には何のことかわからず、話はうやむやになってしまいました。おそらく、私はその女の子を女性としては意識しておらず、いったいどこがかわいいのか理解できなかったのでしょう。だからその男の燃え上がる慕情にも同情できなかったのです。

そういえば、日本の夫婦は世界でもけた違いにセックスの回数が少ない、と言われています。よく「家族とはセックスしない。だから妻ともセックスしないんだ」と冗談のように言う人がいますが、この言葉は極めて的を得ているのかもしれません。

しかし、本能説には重大な反論があります。

インセストを避けるのが本能なら、なぜ人間はわざわざインセスト・タブーなるものを作り出したのか、ということになるからです。多くの社会では、インセストは大罪であり、その禁を犯した者は天罰を受けたり、すさまじい侮辱を受けたり、集落を追放されたり、惨《むご》たらしいやり方で殺害されたりします。インセストをしないのが人間の本能なら、こんな残酷なタブーをこしらえる必要はなかったはずです。

「インセストは遺伝的に有害であり、人類は昔からそれを知っていたから禁じたのだ」という説もあります。

確かに、チェコスロバキアの研究で、インセストで生まれた子供百六十名のうち、実に八十名、五十パーセントもの子供が先天的な疾患を背負っていたというデータがあります（非インセストの場合は十・五パーセント）。

しかし、私たちの祖先はどうやってこの事実を知ったのか、という問題があります。データを検討するには膨大な例を集めなければならず、それを数世代にわたって観察し続けなければいけません。文字のない世界で、こんなことが可能なのでしょうか。また、世界中の人類がこのような研究に熱中していた、という証拠も別にありません。

さらに、インセストのタブーは、一筋縄ではいかないところがあります。交叉《こうさ》いとこ婚（異性のキョウダイの子供同士）はだめで平行いとこ婚（同性のキョウダイの子供同士）はいいとか、あるいはその逆だとか、第二・第三いとこ婚は禁じられているのに、より血縁が近い第一いとこ婚は認められるとかいった、およそ「科学的」とは言えないルールが存在するからです。また、文化圏により「近親」の範囲が違うという事実の説明もつきません。もし人類の先祖がインセストの遺伝学的な危険性を科学的に知っていたのなら、タブーのルールはもっと合理的で単純なものになっていたはずなのです。

結局「なぜインセスト・タブーは存在するのか」は不明瞭で、文明の冥《くら》い霧の中に埋もれていると言わざるをえません。

六百年も女が入ったことのない国

何十年も女を見たことがない男たち

二〇〇八年五月、四人のモルドバ人女性がギリシャのアトス山に置き去りにされました。彼女たちは人身売買の犠牲者で、密入国業者によりトルコから船で連れ去られ、アトス山に放置されてしまったのです。

この事件は、国際的な問題を引き起こしました――と言っても、人身売買が問題になったのではありません。アトス山のあるアトス自治修道士共和国は厳格な女人禁制の国であり、そこに女性が入国してしまったことが問題視されたのです。

アトス山はエーゲ海に突き出したハルキディキ半島にあるギリシャ正教の聖地であり、多くの修道院が立ち並び、修道士が修行の日々を送っています。そしてこの国は、厳格な女人禁制が貫かれています。なんと、家畜すらメスがいてはならないのです。この国

女は近づくことすら許されないアトス自治修道士共和国

でメスであることが許されているのは猫だけで、これはネズミのハンターとして特別に在留を許可されているのです。だからこの国の住人には、何十年も女性を見たことがないという男が大勢います。

言い伝えによると、四九年に聖母マリアがキプロスに船で渡航した最中、嵐に襲われ、この地に流れ着いたとされています。それ以来、女でこの地にいられるのはマリアだけということになったのです。

アトスは宗教的な自治国家なのですが、そもそも男すらここに入国するのは困難です。隣国ギリシャとは地続きなのにもかかわらず、峻厳な山に塞《ふさ》がれているために道路がなく、入国するには船を使わねばなりません。しかし、その船も一日二便ほどしかなく、さらに一般観光客の入国は一日十人に制限されています。それ故に、入国するのに数か月は待たされることもあるのです。

面白いことに、この国では暦すら外界とは違います。採用されているのはユリウス暦であり、娑婆《しゃば》のグレゴリオ暦とは十三日のズレがあるのです。さらに、一日のリズムも俗世と逆転しています。アトスでは一日は日没とともに始まります。太陽が落ち、辺りが闇に包まれる頃になって、修道士は一日の営みを始めるのです。聖書によると、神は最初に夜を創ったことになっているからです。

女性が船に乗って海の上からアトスを眺めるのはかまいませんが、それでも五百メートル以内に近づくことは禁じられています。女性がアトスに入国すると、二年の禁固刑を喰《く》らってしまいます。ここで気になるのが、本節冒頭に書いた、人身売買業者により連れて来られた女性たちの運命ですが、彼女たちはさすがに犯罪の被害者だということで、お咎めはなしでした。

アトスは女嫌いの修道士にはパラダイスのような国ですが、俗世はそれほど寛容ではありません。二〇〇三年、ＥＵはアトスに女人禁制を撤廃するように通告してきました。もっとも、アトス側ははっきりとそれを撥《は》ねつけたのですが……。

トンネルやオーケストラも女を拒否

アトスに限らず、女人禁制という制度は、世界中で見受けられます。例を挙げていきましょう。

・トンネル工事

フランス、オーストリア、スイスでは工事中のトンネルには女性は入れません。代わりに、守護聖人の聖バルバラの像を祀《まつ》るのです。日本でも明治時代以降は工事中のトンネルは女人禁制で、女性記者の入坑すら拒否されていました。

日本の場合は、昔から山には山の神という女神がいるという考えから、女が山に入ると女神が嫉妬するとされ、山を女人禁制にしていたのです。三重県尾鷲《おわせ》市には「笑い祭」という祭りがあり、山の中でオコゼを懐から見せてみんなで大笑いするのですが、これはオコゼは醜い生物とされているので、それを見た山の神の心も安らぐからだと言われています。

・ウィーン・フィルハーモニー管弦楽団

伝統的に女性の演奏者は入団できませんでしたが、一九九七年に初めてハープ奏者が入団を認められました。ただし、今も女性奏者は極めて少ない。

・ゴルフ

ゴルフの発祥の地として知られるスコットランドのセント・アンドリュースにあるR&Aゴルフクラブは、設立以来、女性の入会を認めませんでした（ただし二〇一五年以来、女性の受け入れを始めている）。

また、二〇二〇年の東京オリンピックのゴルフ会場となる予定の霞ヶ関カンツリー倶楽部も、伝統的に女性の正会員を認めていませんでした。しかし、IOCからの改善要求を受けて、二〇一七年に女性の正会員を認めました。

相撲は本当に女人禁制か

さて、女人禁制で最も有名なものの一つが、日本の相撲でしょう。

二〇一八年四月四日、京都府舞鶴《まいづる》市の大相撲巡業で事件が起こりました。この日、土俵で挨拶《あいさつ》をしていた男性の舞鶴市長が、突如、くも膜下出血で倒れたのです。場内は騒然としましたが、一人の女性が土俵に駆け上がり、懸命の心臓マッサージを始めました。

しかし、主催者側はこれを快く思わず、「女性は土俵から下りなさい」と繰り返しアナウンスし、女性が土俵から下りた後、大量の塩を土俵の上に撒《ま》いたのです（後にこのことを相撲協会は謝罪しましたが）。

この事件は大きな議論を巻き起こしました。女人禁制という「相撲の伝統」と、人命のどちらを重んじるのか、というものです。

しかし、そもそも「相撲は神聖な神事であり、女人禁制は伝統である」というテーゼは正しいのでしょうか。実は、これはかなり怪しい話なのです。

まず、日本における最初の相撲は、『日本書紀』によると、垂仁天皇の頃に行われた當摩蹶速《たいまのけはや》と野見宿禰《のみのすくね》の戦いだと言われています。しかし、これをよく読むと、「野見宿禰が當摩蹶速の肋骨と腰を踏み砕いて殺した」などと書かれていて、今でいう相撲とかなり毛色が違うことがわかります。「蹶速」という名前からして、この人はキックボクサーのようなキック自慢の男だったのでしょう。

また、「相撲」という言葉は、『日本書紀』の雄略《ゆうりやく》天皇の項に初めて出てきます。四六九年に雄略天皇が相撲を取らせたという記述が出てきますが、この時の力士がなんと「女性」なのです。

話はこうです。韋那部真根《いなべのまね》という正確無比な木工職人がいました。天皇が彼の仕事場にやってきて、

「お前は手元が狂うことはないのか？」

と聞きました。木工は、

「決して狂いません」と自信満々に答えます。

すると天皇は、女官を呼んできて裸にし、ふんどし姿にして、木工の近くで相撲を取らせたのです。これにはさすがの木工も気が散ってしまい、手元が狂ってしまいました。

天皇は怒って、

「ほら、手元が狂ったじゃないか！　生意気な奴め！」

と喚《わめ》き、木工の処刑を命じた……というのです。

最初の相撲取りが女、しかもストリップまがいのいかがわしい見世物であって、神事の雰囲気は微塵《みじん》もありません。気に食わない職人に嫌がらせをするために、女に裸相撲を取らせただけです。もし相撲が神聖な神事だとしたら、この天皇は相撲というものを侮辱していると言わざるをえません。

さらに時代は下ります。十六世紀に成立した『義残後覚』には次のような記述があります。勧進相撲（寺社建立の寄付を集めるための相撲）をやっているところ、二十歳ほどの若い比丘尼《びくに》（尼僧）がやってきて、「みんなが相撲を取っているのを見ていて、羨ましくなってきた。私にもやらせなよ」と言いだし、力士を何人も投げ飛ばしてしまった、というのです。もっとも、この比丘尼は実は葛城山《かつらぎさん》の天狗《てんぐ》だったという落ちがついているのですが。

このように、女が土俵に上がった例はいくらでもあります。十八世紀には江戸、大坂で女相撲が興行された記録が残っています。挿絵などを見ると、胸をはだけたまま、下半身にまわしだけを着けています。

さらに、女座頭相撲（女と目が不自由な男との相撲）、しまいには女と「羊」との相撲まで現れました。一言で「神事」と言っても、なかなか幅が広いようです。

もっとも、これらの相撲の観客は女人禁制でした。どうやら、女が見るには荒っぽすぎる見世物だったようです。この辺りから「相撲は女人禁制」という観念が生まれたのかもしれませんが、女と羊に相撲を取らせておいて、いまさら「土俵は神聖だから女は上がってはならない」と言っても、どれほどの説得力があるのでしょうか？

しかし、そんな女相撲にも逆風が吹きます。明治時代に入り、文明開化とともに「裸でちょんまげを結って縺《もつ》れ合う相撲などというものは、外国人にとても見せられない」という意見が沸き起こり、相撲廃止論が叫ばれました。

一八七二年（明治五）には東京府が「違式詿違条例」を発令します。ここには「男女相撲、蛇遣いなど醜体を見世物にするな」という文言があります。男女相撲がどのような目で見られていたか、よくわかる。また、この年から、相撲を女性が見物することも認められました。

　と言っても、女相撲がこれで死に絶えたわけではなく、各地で細々と興行を続けました。現代でも、たとえば北海道福島町《ふくしまちょう》では母の日にちなんで「女だけの相撲大会」なる女相撲大会が開かれています。

　つまり、「相撲の土俵は女人禁制」というテーゼは、極めて胡散臭く、つい最近捏造《ねつぞう》された「伝統」にすぎないということです。そもそも、土俵自体が十六世紀（室町時代）に生まれたもので、それ以前は存在しなかったのですから。

　ちなみに、相撲のしきりに制限時間が生まれたのは一九二八年（昭和三）で、その理由はＮＨＫのラジオ放送が始まったからです。無制限に相撲を取り続けると、放送時間内に収まらない、というわけです。

　また、土俵には昔は屋根を支える柱があったのに、一九五二年（昭和二十七）には柱は排除され、吊り屋根になりました。この理由は、次の年にテレビ放送が始まったからです。柱があると、土俵の中が見えづらいので、テレビ放送においては都合が悪いのです。

そもそも「相撲は日本の国技」とよく言われますが、日本の国技を定めた法律などどこにもありません。単に一九〇九年（明治四十二）に両国《りょうごく》にできた相撲を見せる建物を「国技館」と名付けたから、それだけです。もしこの時、ドジョウすくいを披露する建物を「国技館」と名付けていたら、今頃はドジョウすくいが日本の国技だと言われていたはずなのです。

「伝統」に騙されるな

このように、「伝統」などというものは、その時の状況に応じて、いとも簡単に変わってしまうものです。

ですから、「伝統」なるものを振り回す輩には、気を付けたほうがいいでしょう。

たいていの人は「伝統」について語るとき、わざわざ千年以上前の古文書を発掘してきて、「これは本当に伝統なのか、いつからどのようにして始まったのか」などと調査することはありません。ほとんど、自分の知っているせいぜい数十年前の、自分の周囲で行われていたことを指して「伝統」と言っているだけなのです。

日本において「伝統」とされるものは、せいぜい明治時代から始まった、百年ほどの歴史しかないものが多い。例を挙げましょう。

・夫婦同姓……一八九八年（明治三十一）の旧民法制定から。日本の庶民が名字を名乗るのを許されたのは一八七〇年（明治三）からにすぎず、江戸時代に姓が名乗れたのは武士や貴族の特権である。

・神前結婚式……一九〇〇年（明治三十三）の皇太子の結婚が最初。実は日本ではキリスト教式の結婚式のほうが古い（一八九九、明治三十二年）。

・葬式に黒い服を着ること……一九二〇年（大正九）ころから。それまでの喪服は白だった。菊池寛の小説『真珠夫人』（一九二〇年）には、上流階級のヒロインが白い洋服を着て葬式に参列する描写がある。

・良妻賢母……理念が生まれたのは明治初期から。もともと「賢母」とは教育のある賢い母を指し、当時としては革新的な思想だった。

・専業主婦……一般化したのは一九六〇年（昭和三十五）頃の高度成長期から。それまでは夫婦共働きが当たり前だった。

伝統だからと言って、非合理なことを押し付けてくる連中には、気をつけたほうがいいでしょう。たいていはそれが本当に伝統かどうか怪しく、かりに伝統だとしても、それに従う義務はないのですから。

人間が伝統に従うのではなく、逆に、伝統を人間に従わせるべきなのです。

動物とのセックス

アヒルとセックスすると結核が治る？

ベトナムを旅していたころ、田舎の年配の男から、

「鳥を食べるときは、目の前で絞められたのを確認してから食べなよ。それ以外は食っ

ちゃだめだ」

と半ば笑いながら言われたことがあります。要するに、その鳥が人間の男から獣姦されているかもしれないので、うかつに食べると大変なことになると、親切に教えてくれたわけです。

まあこれは冗談だと思いますが、世界には不可解な獣姦の習慣が多々あります。それらは、単なる性的指向ですまされないものがあります。

たとえば、クロアチアのダルマチア地方では、次のようなことが言われていました。それは、牝蛇《めす》とセックスすれば動物の言葉がわかるようになる、牝鶏かアヒルと交われば結核が治る、牝牛とやれば幸運になる、猫とセックスすると盗みを働いても捕まらない、牝牛と交わると魔術を使えるようになる……といったものです。

獣姦はありとあらゆることに効く特効薬なのでしょうか。そもそも、獣姦というものは人間とするよりも非日常的な行為なので、それだけ魔力があると考えられたのでしょう。

他にも、コンゴのムブティ族は、禁欲するよりも獣姦のほうが正常だと考えていました。

また、占星術師として各地に招かれたマダガスカル島のアンタイムル族の男は、旅から帰った時には、花で飾りたてた若い牝牛とセックスをしなければ、人間の女と交わることを許されませんでした。ちなみに、アンタイムルとは「牝牛に求婚する者」という意味です。これは、旅から帰ってきたものは穢《けが》れていると考えられていて、その穢れを払うためには、動物と交接するという特殊な行為をする必要があったのでしょう。

現代の私たちも、海外旅行から帰ってきたら、検疫を受けたり、手荷物検査を受けたり、入国審査でしばしば意地悪な質問をされることに耐えねばなりませんが、そのこととよく似ています。

ちなみに、日本は動物とのセックスを禁じる法律のない、珍しい国です（たいていの国にはあります）。

それは、日本には昔から人間と動物の垣根の低い文化があったからでしょう。「鶴の恩返し」のように、人間と動物が結婚する異種婚姻譚《たん》はたくさんありますし、浮世絵にも人間がエイやタコとセックスをする絵があります。

キリスト教の世界観では、動物は人間のために神により創造されたと考えられているので、人間と動物は峻別されます。サルが人間に進化したというダーウィンの進化論が、西洋に深刻な衝撃を与えた理由が、これです。現在でも西洋には進化論を否定する人が多く存在し、アメリカの各地の学校で進化論を教えることが禁じられている背後には、こういった世界観があるのです。

少女の胸を石で押し潰すブレスト・アイロニング

少女の叫びが降ってくる

カメルーンの首都ヤウンデ。

七つの丘に囲まれた緑したたるこの街を歩いていると、少女の絶叫が空から降ってくることがあります。

多くの外国人は驚き、「何が起こったんだ?」「なぜ叫んでいるんだ?」と辺りを見回しますが、現地の人は何も聞こえなかったかのように通り過ぎていきます。

これは、ブレスト・アイロニング(breast ironing)をされている少女の悲鳴です。ブレスト・アイロニングとは文字通り「胸にアイロンをかける」という意味で、少女の胸に熱した石などを押し当て、膨らみかけた胸を潰してしまう風習です。これは、カメルーン、トーゴ、ベニンなどの西・中央アフリカに広がっています。

なかでも、カメルーンでは、四人に一人の少女がブレスト・アイロニングをされていると言われています。この地域では、少女の胸が膨らみかけると、母親や叔母が石や木の乳棒を熱して、膨らみかけた少女の胸に押し当て、乳房を潰して平らにしてしまいます。

これは、あくまで少女のためを思ってやっていることなのです。つまり、少女の胸が膨らんで女らしい体になると、男に狙われてレイプされてしまう可能性がある。この地域には処女信仰があり、婚前交渉はタブーなので、男に狙われないように女としての魅力を潰してしまおうとしているのです。

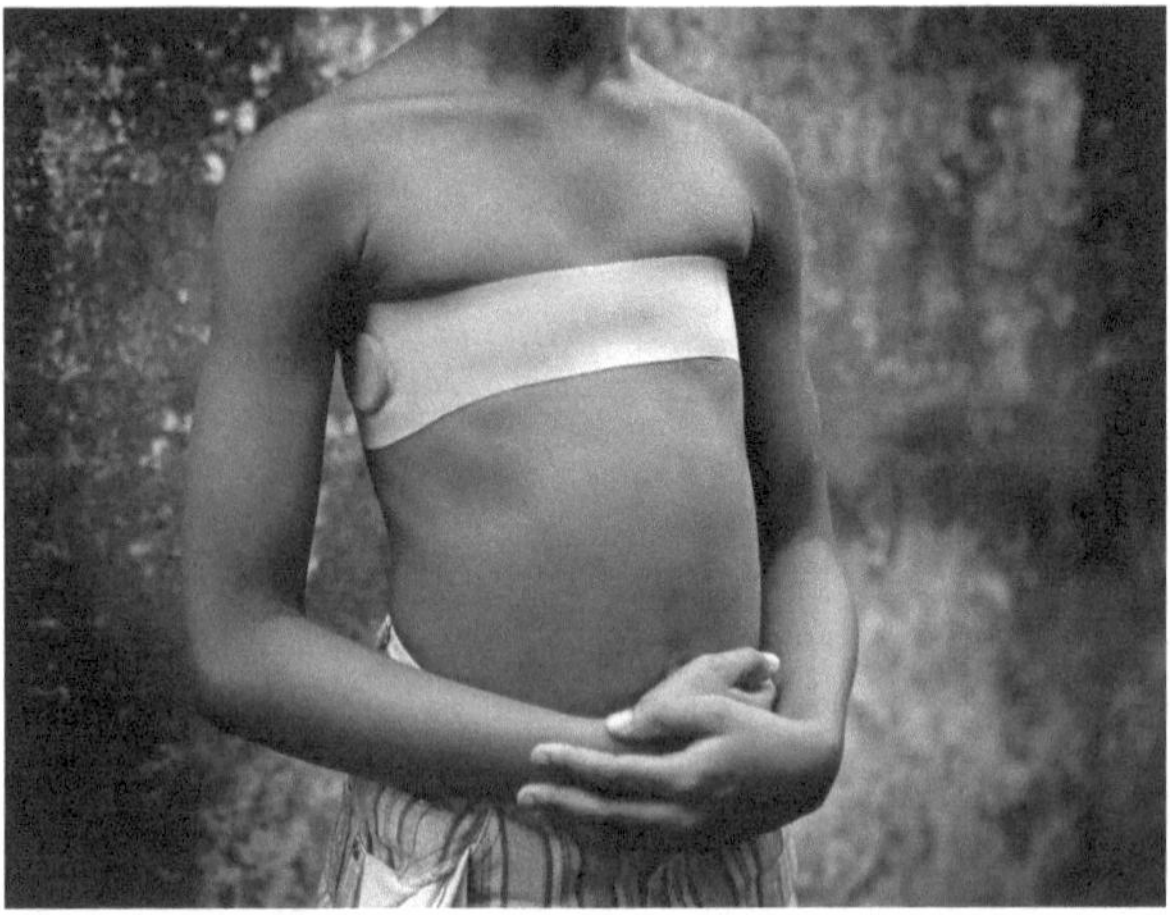

熱した石やベルトなどで少女の胸をつぶす

当たり前ですが、素人が熱い石を少女の胸に押し当てたら、ただですむわけがありません。熱すぎない石で胸を均等に馴らす程度ならまだましですが、激烈に熱い石を乱暴に胸に押し当てたら、少女は火傷を負い、胸はデコボコになってしまいます。

ブレスト・アイロニングは少女の心にトラウマを残します。さらに、激痛、腫物、感染症、胸の変形、組織破壊などをもたらし、将来的には幼児に授乳できなくなることもあります。

男は知らない秘術

ブレスト・アイロニングは女性により行

われる秘められた手術で、男はブレスト・アイロニングの存在すら知らないことが多いのです。

カメルーンのある男性はこう証言しています。彼は二十六歳の時、初めてガールフレンドとセックスをしたが、彼女の服を脱がせて驚きました。そこには胸の膨らみはなく、平らな肌の上に黒いしみが二つついているだけでした。男は「この子はひょっとして病気か何かなのか？」と訝《いぶか》しみましたが、少女が恥ずかしそうな顔をして告白するのを聞いて、初めてブレスト・アイロニングの存在を知ったと言います。

男からすると、別に少女の胸を潰して平らにしてもらっても嬉《うれ》しくありません。少なくとも日本では、胸が大きいほうが喜ばしい男が多いでしょう。これは、女が男の目を欺くために施した手術ですから、もし男が知ったらやめさせたかもしれません。

問題は、ブレスト・アイロニングをすることにより、少女の婚前交渉がなくなるかと言えば、そうではないことです。むしろ、反対の事態も起こっています。

たとえば、ブレスト・アイロニングを恐れるあまり、多くの少女が家出をしています。その結果、逆に自らの身を危険に晒すことになってしまいます。さらに、ボーイフレンドのところに逃げ込み、そこで妊娠してしまうこともあります。だとすると、ブレスト・アイロニングはもはや逆効果だと言わざるをえません。中には、「ブレスト・アイロニングをしても私は妊娠した。だからブレスト・アイロニングは避妊に効果がない」などと当たり前のことを言う少女もいます。

娘を愛するあまりに……

なぜこのような危険な施術をするのか。

その理由のまず一つが、石を押し当てる母親たちが「これはしつけであり、娘に対する愛情だ」と信じ切っていることです。

かりに娘が結婚前に妊娠してしまうと、その責めは母親が負わされます。その場合、娘も妻も夫に追い出されてしまうことがあります。つまり、母親は自分と娘を守るつもりで、ブレスト・アイロニングを行っているのです。

もう一つの理由は、施術を行う母親たちもブレスト・アイロニングを受けていたということです。彼女たちはブレスト・アイロニングを美しい伝統だと考えていて、これを娘に施すのが自分たちの義務だと確信しているのです。

これは極端な例ですが、似たようなものは私たちの社会にもあります。たとえば、母親が若い娘の門限を定めたり、過剰な露出を非難したりするのがそれでしょう。母親は「私は娘のことを考えている。娘が夜遊びして危険な目に遭ったらどうするの？」と言うかもしれませんが、娘からすると、家に閉じ込められ、自由を封じ込められ、軟禁されていると言ってもおかしくありません。また、自分の好きな服も着られなくなります。この束縛が嫌で、家を出てしまう少女も昔から大勢いますが、それはブレスト・アイロニングを嫌がって家出するカメルーンの少女とまったく同じ構造なのです。ほかにも、すでに体が成熟し、子供を体内に宿す準備ができているのに、いろんな理由をつけて若い娘を妊娠から遠ざけようとする行為も、本質的にブレスト・アイロニングと同じ発想だと言わざるをえません。

女性が胸を小さく見せる風習は、わりと世界中にあります。前述したように、和服が体の線を隠すような造りになっていて、帯を胸のあたりで締めるようにしているのも、胸の大きさを隠す意味があるとされています。

本質的に、人間の美は自然に反する。だから日本の女性たちも、スマホアプリで自分の姿を不自然なまでに目を大きく、体を細く見せようとしているのです。ブレスト・アイロニングは、そういった不自然な美を極端までに推し進めたものと言えるでしょう。男の性欲を減退させるブレスト・アイロニングこそ、美しく女性的だとカメルーン女性の一部は考えているわけです。

ふしだらな女を殺す「名誉殺人」

あるネットアイドルの死

二〇一七年九月、パキスタンのカラチの墓地で、二人の男女の遺体が掘り起こされました。彼らは一か月前に亡くなったのですが、その死因に不審な点が見つかったためです。掘り起こされた二体の遺体からは、凄惨《せいさん》な拷問と電気ショックの痕《あと》が発見されました。

彼らが拷問の末に殺されたことは明らかでした。捜査の結果、実行犯は親族の二人であったことがわかりました。被害者の男女はまだ十代で、結婚が認められなかったために駆け落ちを試みたのです。それが地域を支配する長老たちの怒りを買い、一族の名誉を守るために殺害されたのです。

また、二〇一六年七月、同じパキスタンの若い女性のフェイスブック・アカウントの更新が、突如止まりました。彼女はカンディール・バローチという名の二十代の女性で、肌を露わにした自撮り写真をネットにアップして人気を集めていました。パキスタン初のネットアイドルとも言われていました。

後に彼女を殺害したとして逮捕されたのは、実の兄でした。夜中にカンディールさんに睡眠薬を飲ませた後、絞め殺したのです。殺害の理由は、カンディールさんが「卑猥《ひわい》な」自撮り写真を公開することが許せなかったからです。兄は「妹を殺したことはまったく恥じていない」と傲然《ごうぜん》と言い切りました。

名誉殺害されたネットアイドル、カンディール・バローチ

自殺を装った殺人

これらは、いわゆる「名誉殺人」という犯罪です。名誉殺人とは、女性が性的に「ふしだらな行い」をした時、一族が自分たちの名誉を守るために、その女性を殺害するというものです。

「ふしだらな行い」と言っても、日本人の普通の感覚を当てはめるべきではありません。婚前交渉だけではなく、親が決めた結婚相手を拒絶した、男と同じ部屋の中にいた、男に歌声を聞かせた、考え方が欧米的である、なんとなくふしだらだと周囲に噂されている、といったことも殺害する理由になります。中には、レイプした相手を名誉殺人という名のもとに殺すケースもあります。

現在、世界で年に五千人もの女性が名誉殺人の犠牲になっていると言われています。最も多いのがパキスタンで、一年に千人もの女性が名誉殺害されています。

ただし、この数字をそのまま信じるべきではありません。自殺や事故死を装った名誉殺人も多いからです。

たとえば、ベランダに女性を追い詰め飛び降りをさせる、女性に毒薬を手渡し納屋に閉じ込め自殺を強要する、海外で殺害しそのまま行方不明者として処理する、といった方法があります。名誉殺人の実行犯はほとんどが被害者の身内なので、家族も捜査には協力的ではなく、警察もよほどの証拠でもない限り、自殺として処理してしまうのです。

名誉殺人の多いパキスタンは、非常に保守的なイスラム教の国です。イスラム教と言えば、多くの人は女性が髪や顔を隠すブルカを思い出すでしょうが、パキスタンでは顔を網で覆い、目すら見えない完全防備のブルカを見かけます。このブルカは視界を非常に狭めるので、交通事故の原因にもなっています。

また、パキスタンには連邦直轄部族地域《トライバルエリア》という地帯があり、ここには政府の支配力が届かず、法律が通用しません。この地域を支配しているのは「ジルガ」と呼ばれる現地の長老たちの会議で、彼らが名誉殺人の実行を命じるケースが多いのです。

もっとも、名誉殺人がイスラム教に起因するものだと考えるのは正しくありません。同様の殺人は中南米やインドでも起こっています。

「男なら早く殺しなさいよ!」

恐るべき犯罪・名誉殺人ですが、この実行犯を「血も涙もない生まれながらの殺人鬼」と見なすのは正しくありません。

彼らはたいてい礼儀正しく、穏やかで協調性のある、どこにでもいる普通の人間です。普通の人間だからこそ、社会の慣習に逆らわず、それに従おうとするのです。

また、彼らが女性の淫《みだ》らな行いに対して、一方的に激昂して殺害に及んだとするのも正しくはありません。

彼らは社会的な圧力を受けるのです。身内の女がふしだらなことをした以上、それを処置しないと家名に関わる。実行しないと「男らしくない」とあざ笑われ、表を歩けなくなってしまう――社会的に抹殺される恐怖に耐えかね、殺人へと辿《たど》り着くのです。

実行犯が周囲の者から称賛され、尊敬を受けることもあります。しかし、その一方で、周囲の者が手のひらを返したように無関係を装うこともあります。彼らは共犯者と見なされることを恐れているのです。中には、実行犯にお金を渡して殺害をほのめかしたにもかかわらず、殺害後はこう言って逃げる者もいます――「何てことをしてくれたんだ？　俺は殺せとは一言も言わなかったぞ」

刑務所に収監された殺害犯も、必ずしも殺人に満足しているわけではありません。身内の女を殺してしまった後悔と慚愧《ざんき》の念に苛《さいな》まれ、血の涙を流す者もいます。すべての人間から見捨てられてしまい、誰一人面会に来ない囚人もいます。

また、この名誉殺人を単に「女を抑圧するために男が仕組んだ犯罪」と見なすのも正当ではありません。殺害の圧力は女性からも来るからです。「早く殺しちゃいなさいよ、あんた本当に男なの？　男なら早く殺っちまって、名誉を守りなさい」――。

「完全な男尊女卑で、女にとっては地獄だが、男にとっては天国の社会」など、この世には存在しないと私は考えています。男性優位の社会は、たいていは男が過度の男らしさや義務を強制され、抑圧されているものなのです。

カンディールさん殺害事件は、パキスタン社会にも衝撃を与え、その後刑法が改正された結果、名誉殺人の刑罰は懲役二十五年以上に引き上げられました。同時に、被害者の家族が寛大な措置を求めれば無罪になるという規定もなくなりました。

しかし、長年の慣習が法律一つで消滅するわけはありません。何しろ、法律の通用しない地域すら存在するのですから。

終章　日本の奇妙な性習俗

日本の性の奇習

ここまで、世界に広がる不可解な性の風習をいろいろ見てきました。

妻を旅人に貸し出す習慣、処女だと結婚できない民族、不倫が合法な地域、妻が複数の夫と結婚する風習、成人式で少年がフェラチオを強要される儀式……などを見られて、どういう感想を抱かれたでしょうか。

「まったくひどい文化だ、野蛮すぎる」と嘆きながらも、「やっぱり私たちは日本人でよかったなあ」などと今さらながら安心したかもしれません。

しかし残念ながら、そのような感想は当たっていません。

本文の中でも少し触れましたが、紹介した奇習の多くが、実は日本にも存在するからです。最後に、その例を見ていきましょう。

《誘拐婚》

「嫁かつぎ」「嫁盗み」と呼ばれる誘拐婚は、日本中に存在しました。

たとえば一九一九年（大正八）には、高知県で一人の男が美人を誘拐して無理やり結婚したが、妻がその親に連れ戻されたのを恨み、親を猟銃で射殺した事件が起こっています。これは比較的現代になったからこそ事件化したわけで、それより昔なら表沙汰《おもてざた》にすらならなかったでしょう。

なお、誘拐婚を行う理由はキルギス（五十頁）の場合とほぼ同じで、結納金を払えないからとか、認められない結婚を誘拐されたという形にして認めさせる、などです。また、大阪にも「ボオタ（奪おた）」と称する誘拐婚がありました。

有名なおとぎ話の「物くさ太郎」には、物くさ太郎が嫁を欲しくなり、「辻取《つじとり》」と称して、清水寺で女を拐《かどわか》して結婚する様子が描かれています。それほど略奪婚はポピュラーだったのでしょう。「人商」「かどわし」と称する誘拐専門の業者がいたことも知られています。他にも「めとる」という言葉の語源は「女捕る」――つまり女を略奪するという意味だった、とも言われているのです。

《夜這《よば》い》

私は、最近まで夜這いが行われていた徳島県の山奥まで、夜這いの経験者の話を聞きに行ったことがあります。夜這いはかなりの場所で高度成長期のころまで残っていました。古くは『竹取物語』『源氏物語』にも夜這いの記述があります。夜中に男が意中の女の家に忍んで行き、戸を開けて中に入ります。そこには、鍵《かぎ》がかかっていません。中は真っ暗ですが、頭を触って髷《まげ》があるかどうかで娘であることを確認し、その場か外で交わるのです。女は嫌なら拒否すればよい、ということになっています。

完全に村公認の制度なので、娘のところに誰も夜這いに来なければ、親も心配して、若い男たちに「たまにはうちにも夜這いに来てくれ」と懇願するほどでした。そうしないと、結婚の相手が見つからないからです。また、夜這いを拒絶する家は恨まれ、戸や屋根を破壊するなどの嫌がらせを受けました。かりに夜這いで子供ができても大して問題にもならず、男が「この子、まったくわしに似てないだろう」と笑い話にするほどでした。

また「後家女は村持ち」という言葉もあり、後家さんならどんな男でも夜這いを仕掛けてかまいませんでした。「半田・亀崎女のよばい」などという言葉も残っている通り、女が夜這いをしかける地域もありました。

《宗教売春》

戦国時代に日本にやって来た宣教師ルイス・フロイスは、次のように書き記しています。

日本では比丘尼 biquniṡ の僧院はほとんど淫売婦の街になっている。（中略）日本の比丘尼 biquniṡ はいつでも遊びに出かけ、時々陣立 jindachi に行く（岡田章雄訳注『ヨーロッパ文化と日本文化』）

実際、比丘尼《びくに》（尼僧）は売春と密接に関わっていて、特に「歩き巫女《みこ》」と称する巫女たちは、各地を布教して回りながら売春を行ったのです。

また、日本の大きな神社の近くには、売春街があることが多いのです。代表例が伊勢《いせ》神宮で、ここの近くには古市という有名な色街があり、かつては七十軒もの遊郭が立ち並び、遊女たちが艶めかしい声を上げて春を売っていました。

いったいなぜ、神社の近くに売春街があるのでしょうか。それは、伊勢神宮に参拝する前に、男は「精進落とし」と称して遊郭で女を買う習慣があったからです。女も同様に、行きずりの男に身を任せ、厄を落としてもらうのが通例でした。江戸時代に流行った「お伊勢参り」は、売春ツアーとしての一面もあったのです。

明治初期に日本を旅したイギリス人女性イザベラ・バードも「この国では悪徳と宗教が同盟を結んでいる。ほとんどの大きな神社は女郎屋に囲まれている」と書き残しています。

《社会的に認められた同性愛》

日本は昔から男性の同性愛に非常に寛容であったことが知られています。たとえば仏教寺院では女犯の禁が厳しかったので、僧侶《そうりょ》が稚児と愛し合うのが当たり前でした。

戦国時代には、女性を戦場に連れて行くのは縁起が悪いとされていたため、むしろ衆道（男の同性愛）のほうが高尚だとされ、奨励されました。この時代に日本にやって来たキリスト教の宣教師は、あまりの男色の多さに驚き、激怒したという記録が残っています。宣教師が戦国武将の大内義隆と面会し、武士の男色を非難した時、義隆は傍らに侍らせていた美少年をわざと抱き寄せ、キスをしてからかったと言います。

また、江戸時代に日本にやって来た朝鮮通信使の申維翰《シンユハン》は、男娼《だんしょう》が持てはやされていることに驚愕《きょうがく》し、次のように書き残しています。

「日本の男娼の艶は、女色に倍する。（中略）国君をはじめ、富豪、庶人でも、みな財をつぎこんでこれを蓄え、坐臥出入のときは必ず随わせ、耽溺して飽くことがない」（姜在彦訳注『海游録』）

さらに江戸時代には、売れない男の歌舞伎俳優が性の相手をする「陰間茶屋」が人気を博していたことが知られています。

《亡霊婚》

山形県には「ムカサリ絵馬」という風習があります（ムカサリとは「結婚」「花嫁」の

意味)。これは、未婚のままなくなった人を悼み、その人の結婚式の様子を写真や絵にして奉納するというものです。この絵を専門に描く「ムカサリ絵馬師」という人も存在します。ここで重要なのが、相手側は実在の人物を描いてはならない、ということ。もしそういうことをすれば、相手側が「連れていかれて」しまうと言います。

《女人禁制》

玄界灘《げんかいなだ》の孤島である沖《おき》ノ島《しま》は、女はおろか、男も年に一度の大祭の日にしか、みそぎをして全裸にならねば上陸できませんでした。二〇一七年に世界遺産に登録されてからは、男すら一般人は上陸禁止になりました。この島で見聞きしたことは口外してはならず、草木一本たりとも持ち帰ってはいけない、とされています。

また、高校野球大会においても、マウンドが女人禁制とされています。二〇一六年に大分高校野球部の女子マネージャーがグラウンドに入ってしまい、問題となったこともありました。

ほかにも、京都の祇園《ぎおん》祭では、女性が山車《だし》を曳《ひ》いたりその上に乗ったりすることが禁じられています（ただし、これは近年破られつつある）。また、神事に女性を参加させない、神輿を女性に担がせないなどという例も多いのです。

酒蔵も女が入ると神が不機嫌になり、酒がダメになるとされていましたが、近年は解禁されつつあり、女性の杜氏《とうじ》も生まれています。漫画『夏子の酒』のヒットも一役かっているのかもしれません。

淫乱な日本

もともと日本人は、世界的に見ても非常に淫《みだ》らな民族として名を馳《は》せていました。

十六世紀に日本にやって来たポルトガルの宣教師ルイス・フロイスは、次のように書き残しています。


日本の女性は処女の純潔を少しも重んじない。それを欠いても、名誉を失わなければ、結婚もできる。

日本では娘たちは両親にことわりもしないで一日でも幾日でも、ひとりで好きな所へ出かける。（岡田章雄訳注『ヨーロッパ文化と日本文化』）

村では結婚前から夜這いをしかけるのは当たり前でしたから、処女の価値などまったくなかったのは当たり前です。また、第一章でも描いた通り、処女の価値どころか、処女が忌避されてしまう文化も世界的には多い（二十六頁）。

さらに、幕末にペリー提督とともに来日した通訳のウィリアムズは、次のように驚倒しました。

私が見聞した異教徒諸国の中では、この国が一番淫《みだ》らかと思われた。体験したところから判断すると、慎しみを知らないといっても過言ではない。婦人たちは胸を隠そうとはしないし、歩くたびに太腿《もも》まで覗かせる。男は男で、前をほんの半端なぼろ［ふんどし］で隠しただけで出歩き、その着装具合を別に気にもとめていない。裸体の姿は男女共に街頭に見られ、世間体などはおかまいなしに、等しく混浴の銭湯へ通っている。淫らな身ぶりとか、春画とか、猥談などは、庶民の下劣な行為や想念の表現としてここでは日常茶飯事であり、胸を悪くさせるほど度を過ごしている。（洞富雄訳『ペリー日本遠征随行記』）

ここまで罵倒《ばとう》されると、むしろ誉められているとしか思えませんが――幕末や明治初めに日本にやって来た欧米人の多くが、日本人が平気で裸で通りを歩くことに驚嘆しています。江戸時代まで銭湯が混浴だった光景はよく知られています。数十年前まで、女性が表で公然と乳児に胸をふくませる光景はよく見られましたから、日本人が裸体を恥ずかしがるのは、つい最近生まれた「奇習」と言えるでしょう。

明治維新は、日本人の意識を大きく変革しました。「外国人に見られると恥ずかしい」という理由で、夜這いや銭湯の混浴、裸の露出は次々と禁じられていきました。だから、明治時代の初めには、「裸で表に出ることを許可せよ」と訴える一揆が何度も起こっています。一般人からすると、暑い夏でも着衣を強制されることは、大変な苦痛だったのでしょう。

といっても、明治維新ですべてが変わってしまったわけではありません。

一九二〇年（大正九）頃にアメリカの社会学者ジョンズが新潟県のある村を調査したところ、結婚した時に処女だった娘はわずか一〜二パーセントだったと言います。また、熊本県のある村の村長の妻は、「娘はみんな結婚前にセックスしている」と断言しています。さらに、この村に住んでいる男女の十パーセント近くが、私生児だったと言われています。

Ｈｅｎｔａｉ（アダルトアニメ）、メイド喫茶、露出の多いコスプレなど、現代日本の性の奔放さは世界に轟《とどろ》いていますが、それは昔から大して変わっていないということがわかります。「昔の日本人は慎みがあったが、最近の若い者は……」などという慨嘆はただのノスタルジーであり、まったく実態に即していないのです。

野蛮な文化が世界をリードする

言うまでもなく、自分たちの文化だけが正しいと考える「自民族中心主義」は賢明ではありません。イルカを食べるのが邪悪だとか、犬を料理するのが野蛮だとか、イスラムのチャドルはテロリストの衣装だとか、英語は高尚な言語だがシンハラ語は下らないから撲滅すべき、などという主張から差別や軋轢《あつれき》が起こるわけですから、こういう考えからは距離を置いたほうがいい。

また、このような了見が狭い生活を送ると、人生が退屈になり、息苦しくなります。事実、一見遅れた野蛮な文化が、実は世界の最先端を先取りしていた、という現象が実際に起こっています。これも例を挙げていきましょう。

《LGBT》（レズビアン、ゲイ、バイセクシャル、トランスジェンダー）

最近はLGBTQIA＋とかSOGIとかとも言うようですが、性的マイノリティの権利を守らねばならない、という主張をよく聞きます。

しかし、本書を読んでいただければ、性的マイノリティが当たり前に社会に組み込まれている文化も多いことに気づくでしょう（たいていは非キリスト教文化圏）。

「第三の性」の項でも言及しましたが、たとえばトランスジェンダーは、インドではヒジュラ、ネイティヴ・アメリカンではツー・スピリット、ミャンマーではナッカドーな

ど と呼ばれ、社会的に認知されています。差別がまったくないなどとはもちろん言いませんが、彼らはシャーマン、パフォーマー、美容師など、社会的にそれなりの地位を与えられています。サモアなどは男女分業の世界なので、それを超越することができるファアファフィネは、いわば特権的な位置にあると考えていいでしょう。

《同性婚》

日本では同性同士の結婚は法的には認められていませんが、アフリカには女性同士の結婚（六十八頁）が昔から存在します（ただし意味合いは異なりますが）。

《代理母出産》

これも日本ではまだ法的に認められていませんが、アフリカの「女性婚」はこれの先駆けとなっています（より肉体的なものですが）。女が不妊の場合、女が女と結婚し、「妻」に別の男をあてがって、かわりに出産してもらうというものです。

《結婚制度》

日本を含め先進国では、非婚率が上がっています。フランスでは半分近くのカップルが事実婚です。結婚制度そのものが揺らいでいる、と言っていいでしょう。

しかし、中国のモソ族（八十一頁）には、もともと結婚制度が存在しません。だから揺らぎようもありません。そこに存在するのは夜這いであり、飽きたら男は女の家に通うのをやめればいい。女系制社会なので、子供は女性により育てられ、父親の名前すら知らないことも珍しくない。当然、離婚の訴訟も、遺産の相続争いもありません。このような状況でも、社会は成立しているのです。

これからは、結婚という制度は本当に必要か、それは人間を幸福にするのかが、問われる時代になるでしょう。

世界の奇習を楽しもう

誰も気づかないうちに、いつのまにか日本は世界でも有数の移民社会になっています。すでに三百万人以上の移民がこの国に入り込んでいます。コンビニでスリランカ人やベトナム人が働いていたり、スーパーに行くと当たり前のようにハラール（イスラム教徒向け）食品が売られていたり、わずかなスペースにモスク（イスラム礼拝所）が設けられているのを、私たちは日常的に目撃しています。

日本では少子化がしきりに嘆かれていて、なんとか出生率を上げねばならない、などと叫ばれていますが、それは利己的な主張です。

世界人口はもはや八十億人近くを超え、人類は増えすぎているのです。むしろ少子化は喜ぶべきことであり、積極的に人口を減らしていかねばなりません。日本だけ労働力が不足しているというのなら、外部から招き入れるしかないのです。人口問題は環境問題と同じで、地球規模で考えるべきです。国家のエゴイズムだけを推し進めていけば、間違いなく地球は破滅します。

交通機関やインターネットの発達により、人類は肉体も思想も、簡単に移動できる時代になっています。しかし、これで世界は一つになり、差別や偏見はなくなる……かと思いきや、必ずしもそうではなく、むしろレイシズムや差別主義が一部で沸騰するという、不可解な状況になっている。これは不自然かつ不健康な事態です。

肉体も文化も、できる限り無秩序に融合させたほうがいい。ゲルマン民族の純潔を目指し、ホロコーストを起こしたナチスの第三帝国は、わずか十二年で崩壊しました。純粋なものは、それだけ脆《もろ》く滅びやすいのです。私たちは、私たちから見れば奇妙に見える世界の風習を楽しみながら、それらと柔軟に交際していくべきでしょう。

あとがき

私はもともと旅が好きで、世界中いろいろな場所を訪ねてきました。

ある時はシベリア鉄道に乗り、一週間も列車の外に出ずにロシア人やウズベク人とすごし、イタリアでは「パスポートの写真と顔が違う。お前は別人だろう」と難癖をつけられて両替を拒否され、ベトナムに行くと公園で同時に五人のスリに襲われ――。

当たり前ですが、旅には必ずしも楽しいことばかりではなく、不愉快で危険なこともあります。

そうやって旅をしてきて、私が感じるのは、旅の面白さは「常識を揺さぶられること」にある、ということです。行くなら、できる限り日本の文化とかけ離れた国の方がいい。日本の常識がまったく通じないような国なら、最高です。

嬉《うれ》しいことに、旅では日本の日常では考えられないようなことが起こってくれます。

たとえば、ロシアに行ったとき、ホテルのレストランのメニューに“Cucumber salad”（キュウリのサラダ）と書いてあったので、注文してみたら、出てきたのは本当に「キュウリのサラダ」でした。五センチほどのキュウリを乱雑に切っただけで、それ以外は何もない。ドレッシングなどという気の利いたものももちろんないので、仕方なしに塩だけをかけて齧《かじ》りつきました。

またある国では、子供を見かけて「かわいいな」と思っても、決して頭をなでたりしてはなりません。頭は神聖なものであり、それに触れるのは冒瀆《ぼうとく》だとされているのです。と言っても、「かわいいお子さんですね」「きれいな奥さんだなあ。羨《うらや》ましい」などとお世辞を言うのもタブーであることがあります。他人を迂闊《うかつ》にほめることは「狙っている」と解釈され、警戒されてしまうのです。

ある国境では、入国審査官が必ずタバコや賄賂《わいろ》をねだってきます。これを拒否して入国するのは極めて難しい。「なんで賄賂なんか払わなくちゃならないんだ。国家の腐敗は許せない！」などと民主的に怒り狂うのも自由ですが、よく考えると公的に決まったはずの入国税や出国税だって、実は「合法的な賄賂」だと言えなくもないのです。

そして日本に帰ってくると、日本の文化を客観的に、外国人のような醒《さ》めた視点で見ることができる。海外に出て「異常だ」と思ったような事象が、日本にも姿を変えて存在することがある。だからそれらを簡単に「野蛮だ」とか「狂っている」とか言って排斥するわけにはいかない、と感じるのです。わけのわからない文化や風習が存在する方が、世界は間違いなくスリリングで面白くなるのです。

その一方、インターネットや交通手段の発達により、世界は格段に狭くなったはずなのに、日本はますます偏狭で息苦しくなってきたのではないか、とも感じていました。

一度も会ったことのない、何の関係もない芸能人の不倫が許せず、テレビ局に抗議の電話を入れないと気がすまない人々がいる。自分の周囲の五メートルくらいでしか通用しない「常識」を振りかざし、「お前は非常識だ」などと責め立てる人々がいる。印鑑は上司に対してお辞儀するように傾けて押すのがマナーだとか、徳利の注ぎ口から酒を注ぐのは失礼にあたる、などといった奇怪な「マナー」が流布している。

私たちの社会を規定する風習や固定観念は、決して絶対的なものではなく、他国に行くと、南の島に降る雪のように、跡形もなく溶けてしまう。そういう儚《はかな》いものにしがみ付いて、命まで懸けてしまうのは、とても虚しいことです。

私たちの心を自由にして解き放ってくれるのは、どこかもわからない国の文化や思想なのかもしれません。

本書では世界の多くの性の風習を取り上げましたが、すべてが必ずしも現在も行われているわけではないことをご承知おきください。日本の実情を見てもわかりますが、習慣も時代も、留まるものはなく、絶えず揺れ動いています。

最後に、この本の成立に尽力してくださった、アップルシード・エージェンシーの鬼塚忠さん、栂井理恵さん、梁川憲太郎さん、そしてＫＡＤＯＫＡＷＡの郡司聡さんと中村洸太さんに深い感謝を捧げます。

二〇二〇年二月

杉岡幸徳《すぎおかこうとく》

主要参考文献

アイシェ・ヨナル『名誉の殺人』（安東健訳）朝日新聞出版
青木富太郎訳『マルコ・ポーロ 東方見聞録』インタープレイ
赤松啓介『夜這いの民俗学・夜這いの性愛論』ちくま学芸文庫
渥美堅持『イスラーム基礎講座』東京堂出版
阿門禮『世界のタブー』集英社新書
イザベラ・バード『イザベラ・バードの日本紀行』（時岡敬子訳）講談社学術文庫
イザベラ・バード『日本奥地紀行』（高梨健吉訳）平凡社
Isabella L. Bird *„Unbeaten tracks in Japan„* London, John Murray, Albemarle Street, 1881.
石井達朗『異装のセクシュアリティ 新版』新宿書房
石川武志『ヒジュラ インド第三の性』青弓社
石田仁『はじめて学ぶLGBT 基礎からトレンドまで』ナツメ社
ヴァネッサ・ベアード『性的マイノリティの基礎知識』（町口哲生訳）作品社
植島啓司『官能教育』幻冬舎新書
氏家幹人『武士道とエロス』講談社現代新書
内海夏子『ドキュメント 女子割礼』集英社新書

江守五夫『結婚の起源と歴史』現代教養文庫
『珍国巡礼』イカロス出版
「大峰山女人禁制」の開放を求める会編『現代の「女人禁制」性差別の根源を探る』解放出版社
奥野克巳・椎野若菜・竹ノ下祐二共編『セックスの人類学』春風社
蒲生正男・山田隆治・村武精一編『文化人類学を学ぶ』有斐閣選書
川田順造編『新版 近親性交とそのタブー』藤原書店
川又一英『エーゲ海の修道士』集英社
木山英明『文化人類学がわかる事典』日本実業出版社
金龍哲『結婚のない国を歩く』大学教育出版
ゲイリー・P・リュープ『男色の日本史』(藤田真利子訳) 作品社
坂爪真吾『はじめての不倫学』光文社新書
櫻井義秀『死者の結婚』北海道大学出版会
佐々木良昭『面と向かっては聞きにくいイスラム教徒への99の大疑問』プレジデント社
ジェシー・ベリング『性倒錯者』(鈴木光太郎訳) 化学同人
下川耿史『エロティック日本史』幻冬舎新書
下川耿史『盆踊り 乱交の民俗学』作品社
謝秀麗『花嫁を焼かないで』明石書店
ジャック・アタリ、ステファニー・ボンヴィシニ『図説「愛」の歴史』(日本語版監修：樺山紘一、大塚宏子訳) 原書房

ジョーガン・シャンカール『インド寺院の売春婦』（鳥居千代香訳）三一書房
中維翰『海游録 朝鮮通信使の日本紀行』（姜在彦訳注）平凡社
須藤健一・杉島敬志編『性の民族誌』人文書院
世界の文化研究会編『本当に不思議な世界の風習』彩図社
セレナ・ナンダ『ヒジュラ 男でも女でもなく』（蔦森樹、カマル・シン訳）青土社
曹惠虹『女たちの王国』（秋山勝訳）草思社
祖父江孝男『文化人類学入門』中公新書
高群逸枝『高群逸枝全集 日本婚姻史 恋愛論』理論社
田中於菟弥編『世界の女性史〈15〉インド サリーの女たち』評論社
田中雅一・中谷文美編『ジェンダーで学ぶ文化人類学』世界思想社
田中雅一編著『暴力の文化人類学』京都大学学術出版会
デイヴィット・ギルモア『「男らしさ」の人類学』（前田俊子訳）春秋社
デイヴィット・バラシュ、ジュディス・リプトン『不倫のＤＮＡ』（松田和也訳）青土社
斗鬼正一『こっそり教える「世界の非常識」１８４』講談社
斗鬼正一『頭が良くなる文化人類学』光文社新書
斗鬼正一『目からウロコの文化人類学入門』ミネルヴァ書房
中西裕人『孤高の祈り ギリシャ正教の聖山アトス』新潮社
鈴木正崇『女人禁制』吉川弘文館
中根千枝『家族を中心とした人間関係』講談社学術文庫

中野信子『不倫』文春新書
中村敦夫『コーカサスの風』全国朝日放送
中山太郎『売笑三千年史』ちくま学芸文庫
中山太郎『タブーに挑む民俗学』(礫川全次編）河出書房新社
橋本治『性のタブーのない日本』集英社新書
長谷川明『インド神話入門』新潮社
濱野ちひろ『聖なるズー』集英社
林典子『キルギスの誘拐結婚』日経ナショナルジオグラフィック社
バーン&ボニー・ブーロー『売春の社会史』（香川檀・家本清美・岩倉桂子訳）ちくま学芸文庫
ハンス・ペーター・デュル『裸体とはじらいの文化史』（藤代幸一・三谷尚子訳）法政大学出版局
ピーター・ミルワード『ザビエルの見た日本』（松本たま訳）講談社学術文庫
ファン・ヘネップ『通過儀礼』（綾部恒雄・綾部裕子訳）岩波文庫
藤井青銅『「日本の伝統」の正体』柏書房
藤井青銅『「日本の伝統」という幻想』柏書房
ブロニスワフ・マリノウスキー『新版 未開人の性生活』（泉靖一・島澄・蒲生正男訳）新泉社
ベルニエ『ムガル帝国誌』（関美奈子訳）岩波文庫
ヘレン・E・フィッシャー『愛はなぜ終わるのか』（吉田利子訳）草思社
ヘレン・E・フィッシャー『結婚の起源』（伊沢紘生・熊田清子訳）どうぶつ社

ヘロドトス『歴史』（松平千秋訳）岩波文庫
本多勝一『極限の民族』朝日新聞社
松園万亀雄編『性の文脈』雄山閣
松原國師『図説 ホモセクシャルの世界史』作品社
マラ・セン『インドの女性問題とジェンダー』（鳥居千代香訳）明石書店
宮田登・松園万亀雄責任編集『文化人類学4』アカデミア出版会
村上春樹『雨天炎天』新潮文庫
森本達雄『ヒンドゥー教』中公新書
八木澤高明『娼婦たちは見た』角川新書
柳田國男『故郷七十年』講談社学術文庫
柳田國男『柳田國男全集Ⅱ』ちくま文庫
山内昶『タブーの謎を解く』ちくま新書
山口由美『世界でいちばん石器時代に近い国パプアニューギニア』幻冬舎新書
山下晋司・船曳建夫編『文化人類学キーワード 改訂版』有斐閣
山本真鳥編『性と文化』法政大学出版局
吉田禎吾『未開民族を探る』現代教養文庫
米山俊直・谷泰編『文化人類学を学ぶ人のために』世界思想社
ルイス・フロイス『ヨーロッパ文化と日本文化』（岡田章雄訳注）岩波文庫
ルイス・フロイス『完訳 フロイス日本史6』（松田毅一・川崎桃太訳）中公文庫

ロバート・J・スミス、エラ・ルーリィ・ウィスウェル『須恵村の女たち』（河村望・斎藤尚文訳）御茶の水書房
渡辺京二『逝きし世の面影』平凡社
和田正平『性と結婚の民族学』同朋舎
和田正平『裸体人類学』中公新書
『コーラン』（井筒俊彦訳）岩波文庫
『新訂 魏志倭人伝・後漢書倭伝・宋書倭国伝・隋書倭国伝』（石原道博編訳）岩波文庫
『マヌ法典』（渡瀬信之訳）中公文庫

その他、多くの書籍、雑誌、新聞、ウェブサイトなどを参考にさせていただきました。

図版出典

31頁：チューク州政府観光局　倉林元気氏提供
51頁、129頁：パブリック・ドメイン
82頁、99頁、184頁、190頁：ゲッティイメージズ提供
93頁上：Long neck women from Kayan tribe wearing neck rings, by Linedwell.
93頁下：Ethnic Mursi women with her Lip plate at Omo Valley, by Gianfranco Gori.
102頁：Huli Wigman from Hela Province of Papua New Guinea, by Nomadtales.
106頁：アフロ提供
119頁：Hijra of Panscheel Park, New Delhi, India, 1994, by R Barraez D´Lucca.
125頁、139頁、140頁：著者撮影
143頁：マグナム・フォト提供
168頁：iStock 提供

杉岡幸徳（すぎおか・こうとく）
作家。兵庫県生まれ。東京外国語大学ドイツ語学科在学中から世界を放浪し、その後執筆活動に入る。世界の不思議で奇妙なものを深く愛す。著書に『奇妙な祭り――日本全国〈奇祭・珍祭〉四四選』（角川新書）、『世界奇食大全』（文春新書）、『ゲオルク・トラークル、詩人の誕生』（鳥影社）など多数。
ウェブサイト http://sugikoto.com/

世界《せかい》の性習俗《せいしゅうぞく》

杉岡幸徳《すぎおかこうとく》

2020年 4月10日　初版発行
2024年 4月10日　4版発行

◆◇◇

発行者　山下直久
発　行　株式会社KADOKAWA
〒102-8177　東京都千代田区富士見2-13-3
電話　0570-002-301（ナビダイヤル）

編集協力　アップルシード・エージェンシー
装 丁 者　緒方修一（ラーフイン・ワークショップ）
ロゴデザイン　good design company
オビデザイン　Zapp!　白金正之
印 刷 所　株式会社KADOKAWA
製 本 所　株式会社KADOKAWA

角川新書
　ISBN978-4-04-082335-5 C0239